CAHIERS
ROGER MARTIN DU GARD
1

Cahiers Roger Martin du Gard

1

nrf

Gallimard

Au lecteur

Voici le premier numéro des *Cahiers* consacrés à Roger Martin du Gard. Il nous semble inutile d'en justifier l'existence; c'est plutôt leur absence qui pouvait surprendre alors que paraissent tant de revues spécialisées dans l'étude d'écrivains contemporains.

Pourquoi ce retard en ce qui concerne Roger Martin du Gard? On pourrait avancer plusieurs explications; nous n'en retiendrons qu'une, liée à la personnalité de l'écrivain : il ne désirait pas que se constituât après sa mort une société d'amis qui aurait pu entretenir un esprit de chapelle – ce qu'il détestait par-dessus tout car aucun écrivain sans doute n'a été autant que lui hostile au culte de la personnalité, la sienne comme celles des autres. Soucieux de respecter cette volonté, les chercheurs qui étudiaient son œuvre ont longtemps hésité à se rassembler dans une association dont l'utilité était pourtant évidente. Peut-être avons-nous été un peu trop prudents? Il est vrai aussi que nous avons rencontré, dans la réalisation de notre projet, des obstacles d'ordre matériel, assez difficiles à surmonter.

Néanmoins, il existe aujourd'hui un *Centre international de recherches sur Roger Martin du Gard* (C.I.R.M.G.) dont le but est d'aider tous ceux qui étudient son œuvre. Puisque ce *Cahier* présente les travaux de chercheurs qui en font partie, nous voudrions apporter quelques précisions sur la constitution et les objectifs de ce Centre.

En novembre 1981, pour le centenaire de R. Martin du Gard, deux colloques ont été organisés, l'un à Sarrebruck par J. Schlobach et l'Université de la Sarre, l'autre à la Bibliothèque nationale par C. Sicard et la Société d'histoire littéraire de la France. Les nombreux chercheurs réunis à cette occasion et qui, pour la plupart, se rencontraient pour la première fois ont voulu maintenir entre eux des relations durables. La décision fut prise alors de créer un organisme de liaison; l'année suivante était fondé le C.I.R.M.G. dont le siège était à la faculté des lettres de l'Université de Nice.

Aussitôt après sa création, le C.I.R.M.G. signait une convention assurant une étroite coopération avec l'Institut de romanistique de la Sarre. Malgré une aide financière insuffisante, le Centre s'est développé assez vite. De nombreuses adhésions ont été enregistrées; aujourd'hui nous comptons 70 chercheurs de vingt pays différents. Trois objectifs prioritaires ont été fixés : publier les actes du colloque de Sarrebruck, créer un fonds d'ouvrages sur R. Martin du Gard, fonder une revue.

Les actes du colloque de Sarrebruck ont été publiés chez Klincksieck, en 1983, sous le titre *Études sur R.M.G.* D'autre part, grâce surtout aux dons des membres du Centre, on a pu constituer un fonds d'ouvrages à la Bibliothèque universitaire des lettres de Nice qui sont à la disposition des chercheurs.

Il a été moins facile de trouver les subventions nécessaires à la fabrication de ce *Cahier* mais nous y sommes finalement arrivés. Il nous paraissait indispensable de diffuser auprès d'un large public les recherches actuelles sur R. Martin du Gard. Sans aucun doute, les lecteurs de ce premier numéro apprécieront la qualité et la variété des études que nous proposons. Les travaux sur l'œuvre ou la personnalité de R. Martin du Gard sont assez développés, en France et à l'étranger, pour que nous envisagions de publier chaque année un *Cahier* de même importance, mais pas nécessairement composé de la même façon.

Faut-il ajouter qu'une revue comme celle-ci a grand besoin, pour vivre, de recevoir l'aide de ses lecteurs? Le meilleur soutien est de faire connaître la revue autour de soi; c'est une forme d'aide très efficace. Merci d'avance à tous ceux qui nous soutiendront!

Pour le Comité de rédaction,

André Daspre.

Remerciements

Nous voudrions exprimer notre reconnaissance à tous ceux qui ont bien voulu approuver notre projet et qui ont accepté de constituer le comité d'honneur de la revue.

Nous remercions très sincèrement ceux qui nous ont permis de publier ce premier *Cahier Roger Martin du Gard* en nous apportant l'aide financière indispensable :
– l'Université de Nice ;
– l'Université de la Sarre ;
– le Conseil général des Alpes-Maritimes ;
– le Comité du Doyen Jean Lépine.
À ces diverses subventions s'est ajouté un important don anonyme qui nous a beaucoup touchés.

Nous adressons aussi nos remerciements aux revues universitaires qui ont fait connaître l'existence de notre Centre de recherches ou qui ont publié des études sur R. Martin du Gard que nous n'étions pas en mesure de faire paraître nous-mêmes : le *Bulletin des amis d'André Gide* (Lyon III, puis Montpellier), *Folio* (State University of New York College), *Littératures* (Toulouse-Le Mirail), *Revue d'histoire de la littérature française*, *Roman 20-50* (Lille III).

Centre international de recherches sur Roger Martin du Gard

La correspondance concernant le Centre de recherches ou les *Cahiers R.M.G.* est à adresser à :

André Daspre
Centre international de recherches sur R. Martin du Gard
Faculté des Lettres
98, bd Édouard-Herriot
B.P. 369 06007 Nice Cedex

Les informations concernant la bibliographie sont recueillies par :

Dr Jochen Schlobach
Romanistik
Universität des Saarlandes
66 SAARBRÜCKEN Fach. 8-2
R.F.A.

Les demandes de livres ou articles peuvent être adressées soit au Centre de recherches, soit au conservateur qui a la charge du fonds R.M.G. :

Mademoiselle Cotton
Bibliothèque universitaire des lettres
100, bd Édouard-Herriot
06200 Nice

*Textes inédits de
Roger Martin du Gard*

UN FRAGMENT INÉDIT DE
« L'APPAREILLAGE »

Dans ses Souvenirs *Roger Martin du Gard a décrit la genèse, l'élaboration, l'écriture et finalement la destruction de* L'appareillage, *qui devait former après* La mort du père *la septième partie des* Thibault [1]. *Plusieurs critiques ont analysé la crise de Roger Martin du Gard et le changement du plan initial qui s'ensuivit en 1930 et 1931 et qui devait conduire à la fin du cycle romanesque, telle que nous la connaissons avec* L'été 1914 *et l'*Épilogue [2]. *D'après le témoignage du romancier lui-même,* L'appareillage *a été* « brûlé un soir dans mon calorifère » (I, XCVIII), *en janvier 1932. Or nous savons également qu'il a conservé* « quelques bribes qui m'ont semblé pouvoir m'être utiles plus tard, certains détails de caractère, dont je me suis effectivement servi pour les rencontres de Jacques et de Jenny à la fin de L'été » (I, XCVIII). *Les spécialistes de Roger Martin du Gard se sont naturellement demandé avec René Garguilo combien de bribes ont pu être sauvées et où ces textes pouvaient se trouver, après les avoir cherchés en vain dans le Fonds Roger Martin du Gard de la Bibliothèque nationale de Paris [3].*

1. *Œuvres complètes*, Bibl. de la Pléiade, Gallimard, Paris, 1955, t. I, p. XCV-XCVIII.
2. Voir surtout René Garguilo, *La genèse des « Thibault » de Roger Martin du Gard*, Klincksieck, Paris, 1974, p. 497-557.
3. *Ibid.*, p. 498.

Depuis l'exposition que la Bibliothèque nationale a consacrée à Roger Martin du Gard en 1981, nous savons qu'un fragment autographe de 76 feuillets, dédié au professeur Roger Froment, a certainement survécu. Le catalogue de cette exposition, sous le n° 379, décrit ce texte de la manière suivante :

> *Ce brouillon fragmentaire est le seul témoin existant du manuscrit de* L'appareillage, *détruit par Martin du Gard, en janvier 1932. Il contient la scène entre Jacques et Daniel qui a été en partie reprise dans* L'été 1914 *(retrouvailles des deux jeunes gens après le suicide de Jérôme de Fontanin).*
>
> *Fidèle à la fabulation de 1920, Martin du Gard se proposait de raconter, dans* L'appareillage, *les amours de Jacques et de Jenny, juste avant la guerre de 1914* [1].

Grâce à l'obligeance du professeur Roger Froment qui possédait ce manuscrit, nous sommes en mesure de le publier ici [2].

La première page du texte contient une lettre autographe de Roger Martin du Gard écrite le 8 juin 1937 sur papier à lettre à l'en-tête Bellême/Orne, Tél. 28, *qui est ainsi libellée :*

> En rangeant des paperasses, je retrouve ce fragment de *L'appareillage* (le volume que j'avais écrit après la *Mort du père*, et que j'ai détruit). Je me suis servi de ces pages dans *L'été 1914*, ou du moins d'une partie. Cela vous amusera peut-être d'avoir, sinon le brouillon que vous demandiez, du moins une variante de la scène entre Jacques et Daniel ?
>
> Vous voyez que je fais quelque effort pour flatter vos

---

1. *Roger Martin du Gard* [catalogue d'exposition], Paris, 1981, p. 99-100.
2. C'est à la suite des deux colloques de Sarrebruck et de Paris, en 1981, auxquels il avait participé, qu'il nous a permis de faire faire une photocopie du texte et de le publier plus tard. Nous dédions ces quelques pages à la mémoire de ce grand ami de R.M.G.

manies! Sachez m'en gré, et n'épluchez pas de trop près ce texte!

Bien affectueusement,

Roger Martin du Gard

à Roger Froment

Les renseignements que donne Martin du Gard sont parfaitement clairs et nous verrons par la suite qu'il s'agit en effet d'une « variante » extrêmement intéressante de deux chapitres de L'été 1914.

Le manuscrit comporte sur 74 feuillets (numérotés et écrits sans doute seulement au recto [1]) un texte suivi à l'exception d'une citation d'un ouvrage d'A. Bonnard, qui se trouve sur une page séparée numérotée 47, mais dont le contenu se réfère aux pages 46 et 48. En tête de la page 2 se trouve le chiffre romain IX qui est sans aucun doute l'indication du chapitre correspondant dans L'appareillage.

Le manuscrit est de la main de Roger Martin du Gard et contient de nombreuses corrections placées soit entre les lignes – il s'agit alors de reprises spontanées au moment de la première rédaction –, soit dans la marge très large des feuillets, située à droite. Ces notes marginales sont de deux types différents : alors que les unes comportent des améliorations pour la plupart stylistiques, apportées sans doute également au moment de la première rédaction, les autres ont été ajoutées ultérieurement étant donné qu'elles contiennent une sorte d'autocritique de la part du romancier, trahissant une certaine distance dans le temps.

Quant à la date de rédaction du texte, il est permis de supposer qu'il fut écrit peu de temps après la parution de La mort du père *en mars 1929, puisqu'il s'agit du chapitre IX d'un roman assez important. Notre manuscrit date donc sans doute de 1929 voire au plus tard de 1930.*

---

1. Le fait que nous nous servons d'un microfilm nous oblige ici à la prudence.

Les notes critiques ont été vraisemblablement apportées après une lecture du texte faite à Jean Schlumberger auquel il est fait deux allusions. Il faut d'abord citer en entier le commentaire marginal de la main de Roger Martin du Gard qui se trouve sur la première page du manuscrit :

> Jean
> Un peu trop de choses entassées. Voir s'il n'y a pas moyen de supprimer un des grands sujets. Peut-être reporter avec Antoine la tirade sur les malheureux et seulement le rappeler là. Il a envie de le redire. Mais il n'a pu se faire comprendre par Antoine.
> Veiller à ne pas montrer le bout de l'oreille d'auteur. Ils parlent trop bien et font des réflexions d'un artiste mûr.

L'hypothèse qu'il s'agit d'une critique de Jean Schlumberger est confirmée par une autre note marginale à propos d'une scène particulière où Roger Martin du Gard marque en marge : « Trop de traits pour cette petite scène. J. S. [1] » À quel moment se situe la lecture du texte et des notes ultérieures à la première rédaction? Aucun indice ne nous permet actuellement de répondre à cette question.

Les nombreuses corrections à l'intérieur du manuscrit (des mots et des passages entiers sont rayés, mais en général bien lisibles) montrent qu'il s'agit d'un premier brouillon du chapitre de L'appareillage. *Elles permettent au lecteur de saisir les hésitations du romancier (surtout au début du chapitre) : il reprend parfois les mêmes mots après en avoir marqué des synonymes. D'autres corrections ou notes critiques en marge du texte concernent la cohérence psychologique des personnages et la vraisemblance des dialogues. Ne citons qu'un exemple : le commentaire critique de la part du romancier; Roger Martin*

---

1. Voir *infra*, p. 54, note 2.

du Gard juge une réflexion de Daniel sur le génie et le talent « trop mûr[e] pour un jeune [1] ».

Outre l'intérêt immanent que présente notre manuscrit en tant que brouillon permettant d'étudier le travail de correction de l'écrivain, ce chapitre, le seul à avoir échappé à la destruction, est précieux en cela même qu'il donne une idée de l'action et des personnages tels qu'ils se présentent dans ce roman entièrement inconnu à ce jour.

L'action se déroule à Paris à la fin de l'année 1913, voire au début de l'année 1914. Daniel rend visite à Jacques dans la maison de son père. Il semble qu'ils se soient déjà vus la veille et que cette rencontre, la première depuis la disparition soudaine de Jacques trois ans auparavant, ait été évoquée dans un des chapitres précédents. Cette fois-ci, ils vont dans l'atelier de Daniel, car Ludwigson doit venir lui acheter des tableaux. Les deux amis s'y rendent à pied et cette promenade leur permet d'avoir une première discussion. Daniel raconte son service militaire auquel il avoue s'être entre-temps résigné. Jacques au contraire déclare qu'il aurait « déserté sans hésitation, plutôt que de me soumettre à ça ». Lorsque Daniel lui demande les raisons qui l'ont poussé à quitter brusquement la maison paternelle et l'existence bourgeoise qu'il y menait, Jacques lui répond qu'il voulait découvrir « ce qu'on a, en soi, tout au fond de soi ».

Daniel explique pourquoi il a un besoin si pressant d'argent : avec ses histoires de femmes et ses « affaires véreuses », M. de Fontanin se trouve dans l'impossibilité d'entretenir sa famille. Cependant Daniel nourrit « une trouble sympathie », presque mêlée d'admiration, pour son père. Il se lance dans l'explication de ses théories sur l'amour, théories qui vont jusqu'à prôner la condamnation du mariage et l'exaltation de la liberté sexuelle. En marge, figure une note importante puisqu'elle révèle la source d'inspiration d'une telle conception : lorsque Daniel déclare que « pour moi, il n'y a guère que le désir qui compte :

1. Voir *infra*, p. 45, note 2.

le désir me brûle le sang comme un poison délicieux, et je ne cours, en réalité, qu'après cette brûlure-là », *Roger Martin du Gard écrit à droite du texte le nom de* Gide, *qui a servi manifestement de modèle* [1]. *Jacques porte un jugement de valeur moral sur les opinions de Daniel et se distancie de lui sans pouvoir toutefois s'empêcher de l'admirer.*

La deuxième partie du chapitre se passe dans l'atelier de Daniel, qui sera décrit de façon très détaillée. Les deux amis poursuivent leur discussion : chacun s'enquiert du travail de l'autre au cours de ces trois dernières années. Jacques a écrit, en plus de la nouvelle La Sorellina, *des poésies, des articles et des reportages pour des journaux. Mais il dit aussi sa déception et ses difficultés :* « C'est si décevant, d'écrire. [...] Il ne disait pas combien il avait eu de peine à rédiger ces deux cents lignes. » *À la fin du chapitre, ses doutes deviennent tels qu'il a l'impression d'avoir failli en tant qu'écrivain et de vivre dans* « une atmosphère de fausseté indécise ».

Daniel expose dans le détail ses théories sur l'art sans se remettre un instant en question. En se concentrant sur « une seule chose solide, éternelle... », *le corps de la femme par exemple, l'artiste ouvre en quelque sorte la voie de* « l'éternité et de l'univers entier ». *Jacques ne cache pas son désaccord : il ne peut accepter cet* « égoïsme d'artiste », *alors qu'il importe d'agir pour des millions de personnes qui vivent dans la misère et l'oppression. Daniel cependant n'est pas prêt à vivre* « une vie d'apôtre ou de révolutionnaire ». *Il donne la primauté à la liberté, au bonheur et à son travail :* « Mon travail m'apporte un bonheur total. » *Cette dissension fondamentale sépare Jacques et Daniel, et lorsque Ludwigson fait son apparition, Jacques saisit l'occasion pour s'esquiver après une courte conversation, sans espoir d'une éventuelle retrouvaille.*

Ce chapitre IX de L'appareillage *a servi de base à l'élaboration de deux chapitres de* L'été 1914 *et a même été repris en partie mot à mot. Les sujets les plus importants réapparaissent*

---

1. Voir *infra*, p. 37, note 3.

tous sous une forme plus concise au chapitre XXXI, intitulé
« Visite de Jacques à Daniel, qui l'emmène à son atelier »
(II, 267-279). La scène du départ figure au chapitre XXXVI,
mais elle est considérablement modifiée : dans L'appareillage,
Jacques refuse de revoir Daniel à la gare, alors que, dans
L'été 1914, Jacques s'y rend et que la scène de la séparation se
déroule en présence de Jenny. Les deux amis s'embrassent pour
la première fois (II, 310), comme dans notre manuscrit.

Nous ne pourrions procéder à une comparaison exacte de
notre texte avec le chapitre XXXI de L'été 1914 sans dépasser
le cadre de cette brève introduction. Retenons néanmoins les
concordances et les différences suivantes.

Selon l'intrigue modifiée, Jacques, qui est rentré de Suisse en
vue de passer un bref séjour à Paris à des fins politiques, et
Daniel se rencontrent plus ou moins par hasard devant la
clinique dans laquelle vient de décéder M. de Fontanin (II,
269). Ils se rendent tous les deux à l'atelier de Daniel où ce
dernier doit recevoir une visite de Ludwigson. Les sujets qu'ils
abordent lors de leur promenade à pied et du trajet qu'ils
effectuent en taxi, la description de l'atelier ainsi que l'entretien
qui s'ensuit, s'inspirent de toute évidence de notre brouillon et
sont présentés dans le même ordre.

La modification la plus frappante est l'extrême concision de
l'argumentation dans L'été 1914. Pour Daniel, la mort de son
père [1] *l'amène tout naturellement à se livrer à une réflexion*
critique vis-à-vis de ce dernier. L'image que Daniel donne de
lui-même et la critique que lui adresse Jacques sont mises en
lumière non pas par un exposé théorique très détaillé comme
elles en font l'objet dans notre manuscrit, mais par la situation
personnelle des deux amis et le moment historique. Jacques
surtout jouit d'un plus grand crédit. Dans L'appareillage, son
pacifisme et son activisme de révolutionnaire apparaissent comme
l'expression même de l'échec des ambitions véritables de l'écri-

---

1. Pour la datation des notes en marge, il peut être assez intéressant
qu'une d'elles (voir *infra*, p. 34, note 2) se réfère déjà à la mort de M. de
Fontanin.

vain; or, dans L'été 1914, *son excellente information en matière de politique, ses réflexions sur la menace d'une guerre mondiale ainsi que sa participation aux activités de l'Internationale fin juillet 1914 font de lui un personnage plus convaincant, face auquel Daniel, par les raisons d'être qu'il se donne, semble mener une vie étriquée.*

Cette forme artistique très concise qui caractérise la version finale de L'été 1914 *est due manifestement à un travail intensif du style et à un désir de se limiter à l'essentiel, et surtout la situation historique donne une nouvelle dimension aux personnages fictifs. Cela se traduit dans la composition de* L'été 1914 *par l'étroite corrélation entre le point de vue psychologique du romancier et l'actualité politique qui était totalement absente dans le fragment de* L'appareillage. *Les liens qu'entretient Jacques avec les milieux socialistes et son pacifisme sont certes déjà abordés dans le brouillon de 1929-1930, mais ce n'est que dans* L'été 1914 *que ces positions acquièrent tout leur poids historique.*

Si l'on compare, en ce qui concerne notre fragment, le plan initial des Thibault *de 1920* [1], *qui est encore entièrement dénué de toute dimension politique ou historique, avec l'ultime version que l'on retrouve dans* L'été 1914, *l'on s'aperçoit d'une part que le texte publié ici représente une étape intermédiaire très significative (les notes en marge apportées ultérieurement en marquent une autre* [2]), *et l'on constate d'autre part un progrès évident qui justifie, semble-t-il, les hésitations qu'avait Roger Martin du Gard sur* L'appareillage *ainsi que le profond remaniement du cycle romanesque.*

---

1. Publié par Garguilo, *op. cit.,* pour les volumes concernant la tranche chronologique de 1912 à 1914 de la « Fabulation générale », p. 173-176.
2. Voir par exemple les notes en marge p. 28 (note 1) et p. 45 (note 1) du texte où R.M.G. marque l'anachronisme d'une évolution d'Antoine par le mot « après-guerre » et « l'inactuel de l'esthétique » de Daniel.

Remarques sur l'établissement du texte

Puisqu'il s'agit d'un brouillon dont l'intérêt consiste surtout dans les corrections et les transformations significatives, nous essayons, dans la mesure du possible, de donner une édition qui comporte toutes les variantes. Les mots voire les passages rayés dans le manuscrit sont signalés entre crochets et indiquent un premier état du texte. Les notes en marge sont intégrées dans le texte quand elles représentent des corrections stylistiques. En revanche les commentaires critiques sont donnés en note.

Nous avons respecté le texte au maximum. Toutefois nous l'avons unifié quand il s'agissait de négligences évidentes, caractéristiques d'un premier brouillon. Par exemple, Roger Martin du Gard oublie très souvent les accents ou les points en fin de phrase. Il y a également une certaine incohérence pour ce qui est des guillemets et des tirets indiquant un changement d'interlocuteur. Puisque de telles négligences sont tout à fait normales pour un premier jet, nous les avons « corrigées » pour faciliter la lecture.

Jochen Schlobach
(Université de Sarrebruck)

IX

Jacques venait de regagner le rez-de-chaussée et commençait à peine à ranger les journaux [qui traînaient] éparpillés sur les sièges, qu'il entendit sonner : il s'arrêta net, pris d'angoisse. Daniel était là, à quelques mètres; il était déjà dans « la maison »; il allait pénétrer dans cette chambre où s'était écoulée, jour après jour, toute l'adolescence de Jacques, et où cependant, à cause de son père, Jacques n'avait jamais osé recevoir son ami. L'impression de [commettre] courir un risque, [de commettre] d'enfreindre une interdiction, l'effleura. [Il réintégrait instinctivement] L'atmosphère de la chambre lui faisait brusquement réintégrer un état d'âme d'enfant. Aussitôt il prit conscience d'être définitivement débarrassé du joug paternel; mais, au vif plaisir qu'il en ressentit, se mêlait un absurde sentiment de gêne : [c'est] c'était [il] profiter [lâchement] de l'impuissance d'un mort.

Des bruits de portes, des voix, des pas, et Daniel, introduit par Léon, [entra] parut et s'arrêta sur le seuil, avec l'hésitation de quelqu'un qui ne connaît pas les lieux. Enfoncé dans son manteau à pèlerine, le casque en tête, il remplissait presque la baie de la porte.

– « Entre. Et débarrasse-toi de tout ça », fit Jacques, en élevant un peu la voix. Le [ton timbre ton] timbre était affectueux, [et] un peu moqueur. Daniel sentit que son accoutrement [agaçait] irritait [un peu] son ami. [Il fut] D'ailleurs, la veille déjà, il avait été frappé d'une certaine rudesse dans les [? [1]] manières et même dans le ton de Jacques. [que ces trois années avaient donné aux manières, et le ton de Jacques [2].]

– « Non, mon vieux, je suis désolé », dit-il, s'excusant d'avance par un sourire amical auquel une apparence légère de timidité ajoutait sciemment [une? [3]] beaucoup de grâce. « Nous ne pourrons malheureusement pas nous voir ici, comme c'était convenu. J'ai dû demander à Ludwigson de m'acheter quelques toiles, – des embêtements d'argent, je t'expliquerai... – [bref il] et comme je repars ce soir, il doit les choisir cet après-midi, à mon atelier, rue de Seine. Tu vas [y venir avec moi] m'accompagner. L'important, n'est-ce pas, c'est de passer cette journée ensemble? Ludwigson ne restera qu'un instant. »

1. Mot rayé illisible.
2. Plusieurs mots rayés, repris, en partie illisibles.
3. Un deuxième mot rayé illisible.

Jacques ne répondit pas. Il regardait Daniel sourire et sentait, comme jadis, une douce chaleur l'envahir. Non, Daniel n'avait pas tellement changé. Dans ce masque clair et froid, que la perfection de [l'ovale] l'ovale et la régularité des traits rendaient un peu solennel, sur les lèvres au pur dessin, [ni trop] le sourire avait bien gardé son expression particulière, son charme enfantin, presque féminin, [enfantin à la fois et] et pourtant viril. Sourire mobile et lent, qui relevait nerveusement vers la gauche la lèvre supérieure, [et découvrait] jusqu'à découvrir peu à peu la rangée bien alignée des dents; sourire bizarre, mi-gai, mi-douloureux, effronté et [pourtant] timide à la fois; sourire [irrésistible, mais] agaçant et irrésistible, qu'autrefois Jacques enfant ne pouvait s'empêcher de guetter amoureusement sur [le visage] la figure de son ami.

Daniel souriait souvent, mais ne riait presque pas. Et Jacques, malgré lui, songea brutalement à Jenny: il ne se souvenait pas de l'avoir vu[e][1] rire; il ne parvenait même pas à évoquer son visage avec une expression franchement souriante. Le frère et la sœur... Comme s'il voulait couper court à d'inutiles explications, en réalité pour se dérober à ces souvenirs, il pivota sur lui-même et lança, gaiement.

– « Bien! Allons chez toi. Je te suis. »

Daniel sourit à cette voix [de Jacques] qui évoquait enfin leur jeunesse.

– « Comment va ton frère? », demanda-t-il, tandis qu'ils quittaient la chambre. « Il n'est pas là? »

– « Non. »

– « Tu sais, nous sommes devenus très amis, lui et moi, depuis trois ans. Cela t'étonne? »

– « Un peu. »

– « Je comprends », accorda Daniel. Il s'était arrêté. Après une seconde de réflexion, il expliqua : « Je crois que c'est sa

1. Négligence de R.M.G.

liberté d'esprit, qui m'a rendu Antoine si attachant... Je veux dire, oui, cette extraordinaire liberté de jugement qu'il a dès qu'il envisage un problème en soi, hors de toute préoccupation religieuse, ou morale, ou traditionnelle... »

– « Dans le domaine spéculatif, c'est possible », rectifia Jacques. « Mais, dans la vie, [combien] personne n'est plus *conforme*... D'ailleurs », concéda-t-il, « je retarde peut-être... Il a sans doute évolué, lui aussi [1]. »

Tandis que Jacques s'attardait dans l'antichambre à chercher son pardessus et son chapeau, Daniel ouvrit la porte de l'appartement. Gise [descendait], qui sortait, descendait justement l'escalier, et le hasard voulut qu'à ce moment précis elle se trouvât devant la porte du rez-de-chaussée. Jacques fut surpris d'entendre Daniel parler à quelqu'un de la maison. La voix de Gise parvint jusqu'à lui : une voix fraîche, mal assurée :

– « Vous avez de bonnes nouvelles de Mme de Fontanin ? »

Il avait mis son paletot, mais, sans trop savoir pourquoi, il se rencoigna dans l'ombre du vestibule pour ne pas avoir à se montrer.

– « Mais elle est à Paris », répondait Daniel. « [Maman et Jenny] Ma mère et ma sœur sont revenues du midi, voici quelques jours. »

Les voix s'éloignèrent. Sans doute Daniel accompagnait Gise [jusqu'à la porte ? [2]] jusque sous la voûte. Jacques ne se décidait pas à [sortir] quitter l'angle où il s'était tapi. Il entendit enfin Daniel revenir seul [et sortit de l'ombre].

– « Où es-tu, Jacques ? Es-tu prêt ? »

– « Voilà. »

– « Je viens de rencontrer Mlle de Waize. Allons à pied ; par la rue Jacob, c'est tout près. Dis donc, elle est devenue étonnamment jolie, cette petite ! Un charme très particulier... Tu ne trouves pas ? » Puis, sans réfléchir que Jacques avait

---

1. Commentaire en marge de ce paragraphe : « après-guerre ».
2. Dernier mot rayé illisible.

été absent trois années : « Naturellement, on ne remarque jamais ce qu'on a tous les jours sous les yeux. »

Jacques fit un geste vague. Daniel, songeant à ce qu'il avait dit à Gise, pensa tout haut :

– « Je t'avoue que je suis très ennuyé de savoir maman et Jenny à Paris, en cette saison. Mais Jenny avait pris le midi en horreur. Elle est si nerveuse que maman lui cède toujours. »

Jacques fit un nouveau geste évasif où Daniel crut apercevoir de la contrariété. L'idée lui vint que Jacques regrettait de voir bouleversés par Ludwigson les projets de leur après-midi, et il se rappela tous les changements et contrordres qu'il avait dû imposer à son ami depuis [quinze j] quinze jours. Il s'en excusa gentiment.

– « Ça t'a beaucoup gêné ? » demanda-t-il.

– « Passablement. J'étouffe ici. »

– « Est-ce moi seul qui t'ai obligé à prolonger ton séjour ? »

– « Oui. »

Daniel hésita, puis se tournant à demi :

– « Car..., fit-il, avec précaution, tu es bien décidé à t'en aller de nouveau ? »

– « Oui. »

La veille, à la buvette de la gare, ils avaient bien, à bâtons rompus, effleuré déjà ces sujets brûlants, le prochain départ de Jacques, son existence en Afrique, en Italie, en Suisse, l'arrivée d'Antoine à Lausanne, la mort de M. Thibault; mais, devant l'attitude réticente de Jacques, Daniel, sachant qu'ils se reverraient aujourd'hui, avait passé sans insistance d'une question à l'autre, et ne s'était permis aucune interrogation précise.

Il ne put se retenir de demander :

– « Quand ? »

– « Le plus tôt possible. Après-demain. »

Ils traversaient en ce moment la rue Bonaparte [1]. Daniel

---

1. Note en marge : d'abord un chiffre difficile à lire, puis « Paris ». S'agit-il d'indiquer l'arrondissement des rues traversées par Jacques et Daniel ?

fit quelques pas en silence. Ainsi, Jacques repartait, presque aussi mystérieusement qu'en 1910, et ils allaient une fois encore être perdus l'un pour l'autre. Aussitôt cet après-midi tant attendu, ces quelques heures que Jacques lui accordait avant la nouvelle rupture, semblèrent à Daniel une telle dérision devant sa soif d'amitié et d'échange, qu'il pensa sincèrement : « Mieux eût valu ne pas se revoir. »

À quoi songeait Jacques ? Il n'était peut-être pas si loin des mêmes pensées, puisque, spontanément, il ajouta :

– « Tu viendras me voir là-bas. »

Daniel fit une longue aspiration. Jacques ne se cacherait plus ! Cependant une instinctive prudence lui conseilla de taire les appréhensions qu'il avait eues, et il répondit simplement :

– « Oui. Plus tard. Mais, pour le moment, je suis bouclé. »

– « Jusqu'à quand ? »

– « Fin septembre 1914. Encore neuf mois. »

– « Neuf mois ! Ce que je te plains, mon vieux ! »

– « N'exagère rien. Tu sais, au fond... »

– « Moi, je ne pourrais pas ! », lança Jacques d'une voix devenue rauque. « Heureusement que j'ai pu leur arracher des sursis, jusqu'à dispense totale. Ah, j'aurais déserté, sans hésitation, plutôt que de me soumettre à ça ! »

– « J'ai pensé comme toi », avança Daniel posément. « D'ailleurs, mes débuts de soldat ont été assez orageux. Tiens, je t'ai apporté un document assez significatif... » Depuis un instant il fourrageait à travers les épaisseurs de drap qui l'engonçaient; il [en] sortit enfin de la doublure de sa tunique un portefeuille en loques, d'où il tira une photo. La rue Jacob était déserte; ils marchaient au milieu de la chaussée. Jacques fit halte pour mieux examiner l'image. Il [ap] vit une sorte de bagnard, sans âge, barbu, hirsute, hideux, vêtu de treillis souillés, et qui se tenait debout, un racloir à la main, dans une cour de caserne, devant des latrines. C'était comme une saisissante protestation contre l'asservissement à la discipline.

– « Toi ? » demanda-t-il, en [relevant] détachant lentement ses yeux de la photo.

– « Moi. Les bleus faisaient la corvée de quartier. [J'usais m] J'étais le plus sordide de tous. J'usais ma révolte et ma rancune à me vautrer dans cette abjection. »

Il souriait. Jacques le regardait farouchement.

– « Et puis », continua Daniel, « tout ça s'est arrangé. Maintenant je suis presque heureux, là-bas... Mais oui... Et, tout compte fait, j'estime que c'est une grande et bonne expérience... Ce que tu disais, hier, à propos de tes voyages : un contact direct avec l'humanité. »

Jacques le considérait toujours, fixement. Puis il se remit en marche, sans prononcer un mot.

Ces attitudes rétives, ce silence, avaient quelque chose de supérieur et de blessant. Daniel sentit monter en lui de l'irritation. Ce fut lui, cette fois, qui fit halte et força Jacques à s'arrêter. Mais, au moment de formuler un reproche, son affection fut plus forte que son agacement, et il se contenta de murmurer, d'une voix persuasive :

– « Jacques... Explique-moi, enfin ! Pourquoi es-tu parti ? Comment ne m'as-tu pas prévenu ? Pourquoi m'as-tu laissé trois longues années sans nouvelles ? »

Jacques attendait ce coup depuis la veille. La seule question à laquelle il ne pouvait pas répondre. Il esquissa un geste de lassitude :

– « Histoire ancienne. »

– « Pas pour moi ! »

– « À quoi bon revenir sur tout ça... »

– « C'est une énigme que je tourne et retourne dans ma tête, depuis trois ans ! »

Jacques soupira sans répondre, et reprit sa marche.

– « Voyons, mon vieux », supplia Daniel en le touchant au bras, « est-ce que vraiment je ne saurai jamais ce qui t'a poussé à faire une chose... une chose pareille ? »

– « Laisse », fit Jacques en se dégageant.

– « Quoi ? Alors, c'est non ? Je ne le saurai jamais ? »

– « Plus tard, plus tard... », grommela Jacques, avec une apathie qui semblait invincible et qui rendit plus surprenante sa soudaine volte-face [1] : « Une chose pareille ! » répéta-t-il brutalement. « Et d'abord, y a-t-il tant besoin d'explication ? Est-ce que ça te paraît vraiment incompréhensible, à toi, qu'on veuille, brusquement, fuir tout ce qui est fétide, quotidien, usé, pour courir au-devant de l'inconnu, avec un corps et un esprit [refaits à] neufs, en coupant [tous] les ponts, tous les ponts, sans autre complice que soi seul ? Dis ? Vous ne comprenez donc pas ça, vous autres ? Tu ne crois pas qu'il faut, une fois dans sa vie, avoir enfin le courage de plonger en soi un regard vierge ? De découvrir ce qu'on a, en soi, tout au fond de soi, de plus violent, de plus méprisé, de plus opprimé, de plus proscrit ! Et se dire : C'est ça qui est véritablement moi ! Et de tirer tout à coup ce secret des ténèbres, et de le brandir, d'en faire enfin sa raison d'être, son unique principe d'action ! Et de crier au monde entier : " Je me passe [2] de toi ! Enfin, [je vis] celui que je suis va vivre ! " »

Il avait jeté ce morceau de bravoure avec un accent appuyé et douloureux, excessif, comme s'il eût cherché, par la virulence du verbe, à consolider sa propre conviction. Daniel l'avait écouté avec [une] surprise, émotion et malaise.

– « Oui... oui... », hasarda-t-il. « Je sais bien... On a des forces en soi... On croit qu'on les domine, qu'on les dominera toujours. »

– « Il faut s'y abandonner, Daniel, à ces forces ! » reprit vivement Jacques, comme s'il [saisissait] trouvait, dans l'acquiescement de son ami, un point d'appui qu'il n'espérait pas. « Et c'est encore trop peu dire : il faut vouloir avec elles, collaborer avec elles ! Non pas subir, ni même accepter : agir avec ! Ramer volontairement dans le sens du courant secret ! »

Il souriait, maintenant, comme soulagé. Il lui semblait

---

1. Note en marge : « volte-face ? ».
2. Note en marge : « je me fous ? ».

avoir eu à marcher sur un sol mouvant : mais le passage peu
sûr était franchi. Il avait hâte de changer de sujet. Après un
bref silence, il demanda :

— « À quelle heure vient-il, ton Ludwigson ? »

— « À partir de quatre heures. »

— « Il ne verra pas tes toiles au jour. »

— « Il est à un déjeuner officiel. Au ministère du Commerce. »

— « Naturellement... Alors, marchons encore un peu, veux-
tu ? Allons sur les quais. C'est le seul coin de Paris que j'ai
eu quelque [plaisir] émotion à revoir. »

— « Jusqu'au Pont-Neuf, et nous reviendrons. Il ne faut pas
que je manque ma vente. Excuse-moi. Je suis bien obligé de
me débrouiller pour que maman puisse vivre. »

Jacques avait si peu conscience, malgré son entretien avec
Antoine, d'être devenu un « capitaliste », que pas un instant
ne lui vint l'idée qu'il aurait facilement pu aider son ami.
L'autre, d'ailleurs, n'y avait pas songé davantage, sans quoi
il n'aurait soufflé mot de ses difficultés.

— « Tu sais comment est mon père », expliqua-t-il, avec
nervosité. « Un fantoche. Un néfaste fantoche. Il est encore
en train de nous causer des ennuis terribles. On prétend qu'il
s'est compromis maladroitement – malhonnêtement, peut-
être – dans une affaire véreuse, à Trieste. »

— « À Trieste ? » fit Jacques, en écho. Ce nom seul faisait
lever devant lui [tout] un bourdonnant essaim de souvenirs.

— « C'est vrai, tu ne sais pas. Il a trouvé, ma foi, une assez
belle situation en Autriche. Mais il profite de ce qu'il fait la
navette entre Londres et Vienne pour entretenir un ménage
aux deux bouts de la ligne... » (Il sourit) « ... comme tous les
garçons de sleeping. Tout ça, sans compter les aventures de
rencontre, lui coûte cher, et il ne donne pas un sou à
maman. »

Jacques ébaucha un geste compatissant et indigné.

— « Oui, c'est abominable. Oh, pas ses frasques : son affaire
véreuse ! Les histoires de femmes, ça, je m'en fiche ! »

Jacques qui marchait, pensif, les yeux fixés sur le trottoir, dressa la tête.

– « Ça t'étonne ? » fit paisiblement Daniel. Il ajouta aussitôt : « Bien sûr, quand je pense à maman, à ce qu'elle a dû souffrir, je regrette que mon père ait une vie sexuelle aussi... riche. Mais... » Changeant de ton, il déclara, sévèrement, comme on énonce une vérité cent fois contrôlée : « C'est le mariage, mon vieux, c'est l'institution du mariage, qu'il faut seule condamner. » Puis, après un léger temps, sans quitter le registre grave : « J'en veux terriblement à mon père. Oui, terriblement. Mais pas du tout pour ses aventures. Non. Je dirais presque : au contraire. »

Jacques sourit devant ce paradoxe. Mais il était ému. Pour la première fois depuis hier, il reconnaissait vraiment la voix de son ami, sa façon jeune de prononcer « ma-man », cette forme de confidence hardie, fraternelle et loyale. Daniel, à ces moments-là, semblait moins se confier que s'analyser [à haute voix] tout haut ; ou plutôt, il semblait s'adresser tour à tour à Jacques et à lui-même.

Peut-être eut-il, lui aussi, du plaisir à retrouver enfin la liberté de leurs causeries passées ? Il poursuivit :

– « Enfant, j'ai vraiment haï mon père [1]... »

Jacques songea à M. Thibault. « Moi pas », se dit-il précipitamment. « Redouté, repoussé et fui. Haï, non. »

– « ... J'avais voué à maman une tendresse trop exclusive pour ne pas haïr cet homme qu'elle aimait plus que moi, je le sentais bien, et qui nous rendait tous malheureux. Eh bien, si étrange que cela puisse paraître, c'est quand j'ai commencé à comprendre, à la lumière de mes instincts personnels, que mon père était, comme moi, un tempérament, avec des convoitises, non seulement un homme qui a des passions fortes mais qui se plaît à se laisser violemment entraîner par elles... »

---

1. Addition en marge : « Ce n'est peut-être pas bien de dire ça aujourd'hui. Mais c'est la vérité. Je n'y peux rien. »

– « Ramer avec le courant ! »

– « ... c'est alors seulement que j'ai cessé de le détester, et que j'ai senti naître en moi de l'indulgence. Davantage peut-être : une trouble sympathie, malgré tout. Oui... Nous nous méfions l'un de l'autre, nous n'avons jamais eu ensemble la moindre conversation intime, mais si jamais il pouvait y avoir entre nous quelque échange, quelque abandon, quelque contact sincère, je [suis sûr] crois que ce serait sur cet unique terrain-là [1]... »

– « Ramer avec le courant, oui... Est-ce une réaction contre le protestantisme de mes aïeux ? Je n'ai vraiment aucune disposition à vivre en lutte avec moi-même ! »

– « Pour ça, il faut avoir le courage de s'accepter tel qu'on est », dit Jacques. Il s'était subitement assombri [2].

Daniel n'aimait pas paraître prendre les choses trop au sérieux.

– « Disons : la fatuité », corrigea-t-il, gaiement. « Je l'ai. Tous mes désirs, pour moi, sont légitimes... »

« Bien sûr », pensait Jacques [3]. « Bien sûr. » Et pourtant il sentait confusément qu'il ne le pensait pas.

– « ... Je crois qu'il y a des natures pour lesquelles la loi est vraiment d'aller de désir en désir : c'est leur rythme, leur *régime,* comme on dit des moteurs. Pour moi, tout désir impérieux se purifie de soi-même, par sa propre violence, par son caractère urgent, vital ; et il purifie tout ce qu'il touche, comme un incendie.

« Ainsi je ne peux pas m'empêcher de penser que si deux êtres sont fougueusement attirés l'un vers l'autre, cette attraction est un phénomène naturel, magnétique, quasi sacré, qui leur confère, en dépit de tout, le droit d'être l'un à l'autre. »

Son profil se découpait avec fermeté, dans l'air froid, sur

1. Addition en marge : « Il se tourna vers Jacques et le regarda en souriant. »
2. Addition en marge : « Je n'ai jamais pu. »
3. Addition en marge : « Pour moi aussi. »

le paysage encore clair des quais. Jacques songea brusquement : « Il a la chance d'être beau, l'animal ! » C'était vrai : Daniel parlait avec l'assurance que lui donnait l'habitude de voir le désir d'autrui répondre presque infailliblement au sien.

Daniel continuait à parler. Jacques n'avait pas entendu. Il saisit au vol quelques phrases :

– « ... ne jamais remettre à plus tard ce qui s'offre. J'avais trois ou quatre ans quand j'ai commencé à tirer ce principe au clair. [Maman] J'ai dû te raconter ça, autrefois. Maman m'avait donné une pastille de chocolat. Crois-tu ? J'ai voulu mettre ce plaisir en réserve. À quatre ans ! J'avais caché ma pastille dans le creux de ma main. On m'a couché. Quand je me suis réveillé, tu imagines ce qu'il en restait. Je n'étais guère capable de raisonner. Mais j'ai pris une confuse résolution : " Jamais plus ! " Et je l'ai tenue ! »

« Il n'a guère que des appétits », songeait Jacques. Depuis quelques instants, sans qu'il sût pourquoi, il éprouvait une sorte d'agacement, une envie irréfléchie de contredire Daniel, tant cette façon de parler de l'amour semblait un culte insolent de sa jeunesse, de sa force, de lui. Jacques aussi, depuis trois ans, avait cédé à toutes ses tentations, et il croyait bien avoir, plusieurs fois, touché le fond de ses instincts, la lie. Pourtant, malgré lui, dans un coin mal aéré de son jugement, il [restait] subsistait quelque trace de la distinction puérile qu'ils faisaient jadis, Daniel et lui, entre « le pur » et « l'impur ». Oui, quelles qu'eussent été ses expériences, il n'avait pas complètement perdu son dégoût d'adolescent pour la femme facile, pour l'amour-sport; non plus qu'une considération mal justifiée mais tenace pour le sentiment en amour. Il avait pris ses premières leçons avec la blonde Lisbeth, la sentimentale et romantique petite Alsacienne. Daniel, lui, au contraire, avait eu, très jeune, la révélation du plaisir entre les bras lascifs de cette fille des rues qui l'avait recueilli, une nuit, à Marseille. De ces deux initiations

si opposées, ils étaient toujours demeurés marqués et différents.

À ce moment, comme s'il avait justement voulu confirmer
l'arrêt de Jacques, Daniel s'écria :

– « L'amour ? Une question de santé... Regarde les Anciens.
Y avait-il, dans l'antiquité, beaucoup de soupirants, d'amoureux transis ? Beaucoup de suicides par amour ? C'est nous
qui avons fait au sentiment cette place absurde ! »

– « Buffon a déjà dit quelque chose d'approchant... »

– « Parfaitement, monsieur. Mais, moi aussi, j'ai des lettres...
Et je me rallie à la définition qu'un certain Iago donne de
l'amour : *It is merely a lust of the blood and a permission of
the will.* Un bouillonnement du sang, une poussée de sève,
avec une permission de la volonté... Tout l'amour tient là-
dedans. Mais il faut rentrer : demi-tour ! »

Jacques souriait : par [contenance.] contenance. Il sentait
s'aggraver en lui cette sombre irritation qu'il ne s'expliquait
pas et ne voulait pas préciser [1].

– « Alors », dit-il, affectant le même ton léger que Daniel,
« pas de liaison ? »

– « Non. Oui et non. Une demi-douzaine de liaisons, ce
qui revient à n'en avoir aucune, et me laisse [libre] vacant
pour ce que je préfère : l'aventure sans lendemain. »

– « Mais, ces aventures », murmura Jacques [2], « on en sort
toujours si déçu... »

– « Pas moi », s'écria l'autre avec vivacité. « Jamais déçu.
Presque jamais. D'abord, je vais te dire : pour moi, il n'y a
guère que le désir qui compte : le désir me brûle le sang
comme un poison délicieux, et je ne cours, en réalité, qu'après
cette brûlure-là [3]... Le désir me procure à lui seul une si
intense ivresse, qu'il me suffit presque d'avoir désiré pour
estimer que j'ai atteint le bonheur ! Tu me regardes ? Tu me
laisses parler, parler, et je ne sais pas ce que tu penses. Je

---

1. Addition en marge : « Encore une raison de me lier avec Antoine. »
2. Addition en marge : « malgré lui ».
3. Addition en marge : « Gide. »

ne sais pas d'ailleurs pourquoi je me donne le ridicule de faire une espèce de théorie de l'amour. Écoute : telle qu'elle est, ma vie a une saveur incomparable. Voilà tout. Que puis-je demander de plus ? » Il regardait Jacques d'un air interrogateur. « Et puis, tu sais, quand je dis : *aventure,* crois bien que, dans l'aventure, je ne satisfais pas uniquement ce goût joyeux que j'ai du contact physique. J'y trouve tout un ensemble de satisfactions compliquées et très fortes. Les écrivains n'ont pas le monopole de... de la... Enfin, sans employer [de] les grands mots de psychologie, etc. – je veux dire que moi aussi je suis indiscret, fureteur, attiré par les êtres, les caractères... La belle fille inconnue que j'emmène, la nuit, comme une proie, j'ai pour elle une attirance complexe, que j'appelle désir, une curiosité physique de son corps, certes, de son aptitude au plaisir, oui ; mais autre chose encore... Se trouver tout à coup, enlacé à un [corps] être étranger, anonyme, mystérieux ! En quelques minutes, toutes les distances sont effacées, les cloisons abolies : je possède, dans sa totale nudité, cet être qui pour moi est tout neuf ! Que de secrets révélés, que d'aveux, dans un geste naturel, un cri, un réflexe ! Tu fais le sceptique ? Bien sûr, n'exagérons pas, il reste entre deux amants d'une nuit mille réserves, un épais brouillard de mensonges. Mais moins épais qu'on ne croit. Il y a dans le transport amoureux tant d'abandon involontaire, de confiance, un tel relâchement de toutes les contraintes, une telle transparence [!] tout à coup ! Et comme on glisse profond dans le secret d'un être, par cette pente de l'attrait sexuel ! Comme on atteint vite la vie confuse, souterraine, *enfantine* ! On est si lucide, si vibrant, si réceptif, dans l'instant où l'on tient contre soi une énigme vivante et nue !... Ah oui, mon vieux, l'aventure ! L'aventure ! Tiens, hier soir encore... Non, rien n'est plus passionnant que cette chasse humaine... Mais tu me [fais] laisses parler, parler... À quoi penses-tu ? »

Jacques se déroba derrière un nouveau sourire de complaisance.

– « À tout ça... », répondit-il [pensivement.] enfin.

Daniel examina du coin de l'œil, avec un serrement du cœur, ce compagnon silencieux, au visage rêveur, et se tut.

Ils remontèrent en silence la rue de Seine.

Comme Jacques s'apprêtait à dépasser l'immeuble qu'habitait Daniel, celui-ci l'arrêta :

– « C'est vrai, tu ne connais pas... Suis-moi. »

Dans le fond d'une cour qui, par ses rangées de fusains et ses plates-bandes charbonneuses, [pa] se donnait un air de jardin, au dernier étage d'un ancien logis jaune, à hautes fenêtres, dont le large escalier de pierre était obscur, affaissé vers son centre, odorant à souhait, mais pourvu d'une somptueuse rampe de fer ouvragé, Daniel avait loué un logement [d'artiste [1]] dont il ouvrit la porte avec une longue clef forgée.

Jacques pénétra dans un vaste atelier, mansardé, poussiéreux, glacial, qu'éclairait une verrière à plein ciel.

– « Brr... », fit Daniel. « Primo, allumer le poêle. »

Tandis qu'il s'affairait, Jacques, curieusement examinait les vitres. Par la verrière, on apercevait la coupole de l'Institut, les flèches de Saint-Germain-des-Prés, les tours de Saint-Sulpice, toute une moitié des toits de Paris, noyés déjà dans le crépuscule. Au bout de l'atelier, sous une espèce de tribune vide, s'ouvraient deux pièces entresolées, dont les portes n'étaient pas fermées : l'une était installée en salle de bains; l'autre, plus petite, basse, obscure et rougeâtre, avec le grand lit qui l'occupait tout entière, éveillait une idée d'alcôve.

Daniel, agenouillé devant le poêle qui ronflait déjà, tourna la tête.

– « Assieds-toi », dit-il plaisamment. Il n'y avait aucun siège en vue. « À moins que tu ne préfères battre la semelle ? »

1. Addition en marge : « C'est Ludwigson qui paye l'atelier. »

Tout était lugubrement sale, nu, triste, inhabité. La tenture était d'un gris beige uniforme, sans aucune tache colorée. Dans un angle, des tréteaux portaient une table d'architecte au-dessus de laquelle pendait un réflecteur. Dans un autre coin, sous des housses grises que Daniel retirait hâtivement, s'entassaient une demi-douzaine de chevalets et quelques fauteuils à capitons, recouverts de cuir râpé. Le reste de la pièce était vide. Contre le mur opposé au jour, dans de profonds casiers de bois blanc, se dissimulait un bataillon de toiles et de cartons à dessins dont on n'apercevait que les tranches alignées.

[En un tour de main, Daniel couvrit]

– « Tu ne m'a[s [1]] guère parlé de ton travail », dit Daniel, en se relevant.

– « Peuh... », fit Jacques. Il ne pensa même pas à *La Sorellina* [2]. Il songeait en bloc aux poésies, aux articles, aux croquis de reportage qu'il avait, depuis trois ans, fait paraître, ici ou là, sous diverses signatures. Rien de tout cela ne méritait d'être lu. Peut-être les poèmes sur la montagne, qu'il avait écrits avec tant de joie, [? [3]] près de Lucerne, quand, malade de corps et d'âme, il était arrivé d'Allemagne et qu'il avait [connu] trouvé dans le printemps suisse une merveilleuse résurrection ?

Il haussa les épaules.

– « C'est si décevant, d'écrire. »

Daniel ne répondit pas. En un tour de main il avait couvert la table d'une étoffe et tiré devant la verrière les rideaux de velours brun. Il disposait les sièges à proximité du feu.

– « Mais ici », reprit-il, « que fais-tu depuis quinze jours ? Tu n'écris pas ? »

– « [Non.] À peine. J'ai envoyé, en tout, à Lausanne, deux bouts d'articles. »

Il ne disait pas combien il avait eu de peine à rédiger ces

---

1. Négligence de R.M.G. (le « s » est ajouté par nous).
2. Addition en marge : « Il en a parlé à Antoine pourtant. »
3. Mot rayé illisible.

deux cent[s [1]] lignes, et l'impression pénible qu'il avait eue, comme si les idées dont il voulait entretenir ses lecteurs fussent tout à fait sorties de son champ de vision. Et il ne disait rien non plus de ses journées solitaires, rageuses, de cette vie de prisonnier qu'il s'imposait, ni de ses sorties, la nuit tombée, dans le froid, la pluie, les rues noires, avec la crainte d'être reconnu par quelqu'un d'autrefois, comme un évadé qui se cache.

Daniel alluma les lampes et sortit d'un placard une bouteille de porto.

La pièce était transformée. Une clarté diffuse, intime, émanait des abat-jour d'un blanc laiteux [2].

– « Assieds-toi donc », [répéta] cria Daniel, qui était parti se laver les mains.

Jacques se laissa tomber sur un vieux canapé gémissant. Il était las. Soudain ce ronron de poêle dans le silence, ce reflet de flammes sur le parquet, lui rappela sa chambre blonde, Lausanne... Il eut une folle envie de s'enfuir, de sauter dans le train du soir. « Après-demain », songea-t-il, en croisant nerveusement les bras sur la poitrine.

Il jeta les yeux vers la toilette éclairée. Daniel avait enfin dépouillé son harnachement et revêtu une veste d'atelier, en laine bleue. Jacques [le vit se] le vit passer rapidement sa main sur ses cheveux et pencher vers son miroir un vague sourire affairé [3]. Il en fut amusé comme s'il eut surpris un secret. Daniel était beau, mais il portait sa beauté de médaille avec une simplicité si virile, si dénuée de narcissisme, que [l'on n'avait l'idée qu'il dût se] jamais l'on n'eût soupçonné qu'il pût se regarder dans la glace et sourire à son image. De nouveau, Jacques ressentit cette trouble irritation, qui ne le lâchait pas. Puis, brusquement, comme Daniel revenait

1. Négligence de R.M.G.
2. En haut de la feuille 41 ce texte corrigé se trouve en marge, voici le texte original rayé : « La table d'une étoffe, tira devant la verrière les rideaux de velours brun, disposa les sièges à proximité du [feu.] Daniel sortit d'un placard deux lampes et du porto. La pièce était transformée. »
3. Correction de l'ordre des mots.

vers lui, il pensa à Jenny. Le frère et la sœur ne se ressemblaient en rien, semblait-il. Mais ils tenaient de leur père une certaine délicatesse de structure, une même souplesse allongée qui donnait à leur démarche une indécise parenté. Jenny...

Jacques se leva d'un bond, [et] se dirigea vers le casier où étaient les toiles et se mit à en sortir quelques-unes.

– « Non », dit Daniel en s'approchant, après avoir allumé le réflecteur. « Des vieilleries... Cherche plutôt de ce côté-là. »

– « Pourtant... », [insinua] hasarda Jacques, en examinant les deux études qu'il tenait à la main.

– « Non », répéta Daniel. « Tout ce que j'ai peint cet hiver-là est peint avec des réminiscences. Tu connais le mot terrible de Whistler sur Burne-Jones : " Ça *ressemble* à quelque chose qui serait très bien. " »

– « C'est d'un métier surprenant », insista Jacques, en plaçant sous la lumière un corps de femme peint en plein soleil.

– « Du métier, soit. Mais c'est tout. De la trop bonne cuisine. Tu vois, dans une étude comme celle-là, on a l'air de faire le malin. On a l'air de dire : Regardez-moi bien! Ça, c'est une ombre : eh bien j'en fais une [touche] tache de cadmium [pas] n° 1. Et ça, c'est un clair : [eh] j'y colle un bleu de Prusse! Ça n'épate plus que les gens [fermiers] des pampas... Justement, cette toile-là, tiens – non, l'autre, la femme en taffetas [en] blanc – c'est une Sud-Américaine. Une peau extraordinaire et, tu vois, des bras bizarrement attachés aux épaules... »

Jacques leva un regard gaiement interrogateur. Daniel sourit.

– « Ma foi, non. Et pourtant... Je l'avais entrevue à un thé, chez des amis. Je ne lui avais pas été présenté. Mais je suis parti en même temps qu'elle, je l'ai suivie, je l'ai abordé[e [1]], j'étais dans un [tel] état fou, je l'ai presque décidée. Mais il

---

1. Négligence de R.M.G.

était tard, elle dînait en ville, elle partait en voyage le lendemain, bref elle m'a remis à huitaine. Huit jours après, je n'y pensais plus, elle arrive ici. Pas de veine. Moi, ce jour-là, aucune envie [d'elle]... Ni ce jour-là, ni jamais plus. Elle était stupide. Ça se voit, hein ? Mais elle s'est toquée de ma peinture. Le mari, le père, sont venus, amenés par elle. Ils ont voulu que je fasse le portrait de la dame. Ça, c'est seulement l'étude. Le taffetas est bien. Ça m'a amusé. Un portrait de 10 000 [1], mon vieux. Ce n'est pas tout. En trois mois, elle m'a envoyé deux amies, deux clientes, au même prix. Malheureusement tout ce joli monde s'est ré-embarqué pour l'Uruguay... »

« Ce bagou-là est tout à fait nouveau chez Daniel », pensait Jacques. En écoutant son ami, il examinait toute une série d'études de la même femme, presque dans la même pose.

– « Une belle fille », murmura Daniel penché sur son épaule. « Elle avait, comme on dit " posé pour Renoir ". Et c'était [vrai] exact. »

– « Mais pourquoi ne changes-tu pas plus souvent de modèle ? »

– « Pour quoi faire ? D'abord j'ai remarqué qu'on travaille mieux, qu'on tire davantage de soi, quand on se contente d'un même point de départ, [et qu'il s'agit de] quand il faut sortir du neuf d'un sujet bien usé, tourné, retourné, rebattu... Et, moralement, c'est la même chose », [aussi c'est vrai], poursuivit-il après [une pause] un temps : « ça ne vaut jamais rien de chercher sans cesse à modifier son caractère : il faut consentir à ce qu'on est, tirer parti de tous ses éléments, de tous ses possibles : s'utiliser, tout entier... Tu vois ces cinq ou six toiles-là », reprit-il en [piquant] piochant dans un autre casier. « C'était juste avant mon service. J'y attache de l'importance. Je crois que ce sont elles qui m'ont le plus aidé à comprendre. »

[A. *Bonnard*, « Éloge de l'ignorance », p. 15.

---

1. Correction en marge : « 2000 ».

« On approche davantage du centre commun des choses en en connaissant à fond une seule qu'en les effleurant toutes [1]. »]

Comme il n'ajoutait rien, Jacques demanda :

– « À comprendre quoi ? »

– « Eh bien, mais, ce dos, ces épaules... » (Il sourit.) « Ça n'a l'air de rien, vois-tu : et pourtant j'ai conscience d'avoir compris un tas de choses capitales à l'aide de ce dos et de ces épaules-là. Je crois que [l'important], pour nous autres, quand on en est à un certain point de métier, – et ce doit être la même chose pour toi – l'important, ce n'est pas d'étudier des aspects variés, des aspects nouveaux, des aspects actuels du monde, mais de s'attacher, une bonne fois, à une seule chose, solide, éternelle, [une] comme cette épaule, [un] ce dos, et de bien comprendre ce que c'est qu'une épaule, un dos ; ce qui en fait cette chose éternelle... Alors, du même coup, on comprend tout le reste. Je crois qu'il y a un degré d'approfondissement sur un point précis, qui peut donner brusquement la solution de tout, une clef de l'univers... D'ailleurs, tu sais, on a beau dire, les limites de l'art sont étroites. En fin de compte, nous tournons toujours tous dans le même cercle. Seulement, si on arrive à s'exprimer soi-même, on redonne vie à tous les motifs morts. »

Il soulevait une à une ses toiles, leur jetait un clin d'œil,

---

1. Cette phrase figure sur une feuille séparée numérotée 47. Chez Abel Bonnard, *Éloge de l'ignorance*, Paris, Hachette [1926], p. 16, elle se situe dans le contexte suivant : « On approche davantage du centre commun des choses en en connaissant à fond une seule qu'en les effleurant toutes. Un fermier qui élève des bêtes, un vigneron instruit des secrets du vin sont, à leur insu, de vrais philosophes. L'artiste est exposé à déraisonner plus que l'artisan, justement parce qu'il est plus détaché de sa matière, plus sujet au pouvoir des mots. Mais comment délirerait-il, celui dont les mains instruisent la tête, depuis le menuisier qui sait la nature des différents bois, jusqu'au potier presque sorcier qui lutte de ruses avec le feu, et qui force les folles flammes à mûrir exactement ses vases ? Ce qui rend si précieuse l'instruction qu'on retire de ces travaux, c'est précisément qu'elle est acquise dans des conditions qui excluent presque l'erreur, ou du moins l'extravagance. »

de biais, et les remettait en place [1]; de temps à autre, il en posait une sur un des chevalets.

– « Bah », reprit-il, « tout est toujours impossible à expliquer avec des mots. Un grand artiste, je dis que ça doit être d'abord un entêté, un absurde entêté... » (Il sourit de nouveau, comme s'il allait faire une pirouette) « n'eût-il d'autre entêtement, peut-être, que celui, justement, de devenir un grand artiste... »

– « La longue patience. Buffon a déjà parlé de ça aussi... »

Daniel n'eut pas l'air d'entendre. Il ne souriait plus. Il regardait le parquet et balançait une toile entre le pouce et l'index.

– « Je me demande si la première condition, la condition essentielle, pour réaliser une grande œuvre, ça n'est pas d'avoir une inlassable persévérance. Être fidèle à soi, obstinément, stupidement, envers et contre tout! Au fond, le génie... C'est le talent surtout qui importe. Sans talent, le génie n'est qu'un feu d'artifice : ça éblouit, mais il n'en reste rien [2]. » Il mit sur un chevalet la toile qu'il tenait et spécifia : « Pour Ludwigson. » Puis il haussa les épaules : « Ah », soupira-t-il, « il faudrait pouvoir ne rien leur vendre, jamais, et, toute sa vie, travailler, travailler... »

Il avait l'air si véritablement malheureux tout à coup, que Jacques ne put s'empêcher de dire :

– « Avec les succès que tu as [3], c'est ridicule d'être si modeste... »

– « Le succès, ça m'est égal. Tu le sais bien : je n'ai pas changé. Je ne cherche pas à être compris. Je ne peins pas pour les autres. Appelle ça modestie, si tu veux; ou bien orgueil... Et puis, pas tant de phrases. Regarde ça... »

Il tendait à Jacques une grande étude, [très] bien poussée, un adorable torse de très jeune fille.

– « Ça, pas mauvais, n'est-ce pas? Une petite Basquaise dont j'avais connu la sœur, à Montmartre. Vois-tu, pour moi,

---

1. Addition en marge : « Jacques est frappé de l'inactuel de l'esthétique. »
2. Commentaire en marge : « Trop mûr pour un jeune. »
3. Addition en marge : « à ton âge ».

le corps... le corps humain... La chair, la vie... Toucher la chair vivante... Je sens si fortement qu'il y a une beauté dans n'importe quoi qui vit! »

« Dis donc », ajouta-t-il, à brûle-pourpoint : « ta petite sœur – non, enfin, la petite Gisèle – crois-tu qu'elle me laisserait faire son portrait, l'an prochain ? Ça me tenterait beaucoup. »

Jacques, dont les yeux étaient restés fixés sur le torse nu, rougit [brusquement].

– « Je ne sais pas », fit-il, évasivement.

Son malaise s'accrut. Il avait beau ruser avec cette irritation cachée, elle s'imposait à lui, influençait son jugement. Il s'avisa tout à coup qu'il manquait quelque chose de capital au talent de son ami; qu'il manquait quelque chose d'essentiel à Daniel lui-même : une certaine forme de sensibilité, une certaine nuance de tendresse. « Oui, se dit-il, [cet] cet art est sensible, [comme il dit,] et Daniel est un voluptueux; pourtant... » Il n'avait pas le loisir d'y réfléchir présentement, mais déjà il apercevait un rapport entre ce qu'il nommait manque de tendresse et la façon dont Daniel parlait de l'amour. Il prenait un secret plaisir à constater ces défaillances.

Daniel était bien loin de soupçonner le verdict de Jacques. D'un carton poussiéreux, il venait de tirer trois grands dessins au trait qu'il étala sur la table. Ces dessins étaient d'une [étonn] déconcertante sûreté. Tous trois, à quelques détails près, représentaient la même femme, accroupie, ramassée sur elle-même. On y sentait [un] le souci réaliste et sensuel de bien exprimer la lourdeur d'une chair au repos, la lassitude des épaules et des reins, le raccourci musclé des cuisses; et, [en me] nonobstant, une préoccupation ornementale, discrète mais manifeste : une obsession de figure géométrique, de rosace, par quoi ces dessins faisaient penser à l'épanouissement stylisé d'une fleur : l'enchevêtrement des bras, des cuisses, des jambes, rayonnait comme des pétales autour d'un point central, d'un cœur, qui était le ventre rond de la femme. Ces trois œuvres, presque semblables [tous] toutes trois [achevés] achevées avec [le] un soin de Japonais, trahissaient une tenace application dans le même sens, qui rendait leur rapprochement bien instructif.

Daniel reprit les feuilles, les [étudia] compara un moment sans rien dire, puis les rejeta sur la table.

– « Il faut chercher, chercher », fit-il à mi-voix. Puis, après un instant, il avoua : « Quand je compare mes études d'une année à l'autre, je ne désespère pas. »

Le ton, grave, réfléchi, ne révélait aucune trace de fatuité, mais une assurance qui agaça Jacques. [De toute évidence,] Daniel n'aurait pas su dire ce qu'il cherchait; mais, de toute évidence, il y avait en lui la certitude qu'une belle destinée l'attendait. Jacques, autrefois, non seulement partageait cette confiance [de Daniel] en l'avenir de Daniel, mais il fondait sur son propre avenir des espoirs jumeaux; et le souvenir de cette double confiance, qu'il avait à peu près perdue, augmentait son malaise.

– « Tu aimes toujours autant ton art », remarqua-t-il. L'intonation était à peine interrogative.

– « Dame! » fit Daniel. « Mon travail m'apporte un bonheur total : une sensation de plénitude, d'exaltation, d'harmonie, que l'amour même m'a bien rarement [donnée] procurée. »

– « Ah », coupa Jacques avec une soudaine âpreté, « moi, non! Je ne peux plus donner à l'art cette place-là, depuis que j'ai mené une vie active [et fréquenté], parmi des hommes d'action, des hommes terriblement résolus à agir! »

Et, tout en jetant cette déclaration péremptoire, malgré lui, il songeait [à] à ces gens dont il parlait, « terriblement résolus à agir »... À quoi se bornait, pour le présent, leur « action » révolutionnaire? À des intentions, à des promesses, à des allées et venues [secrètes et] clandestines et vaines, à des bavardages exaspérés par l'inaction... Puis il se demanda : « Que penseraient-ils de Daniel? » Ah, certes, ils le condamneraient impitoyablement comme un esthète bourgeois, un profiteur qui mise sur les valeurs d'une société en faillite [1]!

---

1. Addition en marge : « pas *faillite* ».

Jacques, d'ailleurs, ne se ralliait pas sans réticence à cette sévérité, si son esprit l'approuvait théoriquement. Et cependant il ne pouvait plus comprendre une existence comme celle de son ami. Encore une fois il se sentait écartelé.

– « L'action, oui, oui... », répliqua Daniel, songeur. « Bien sûr, il est possible de trouver son équilibre dans l'action... »

Il n'osait pas trop laisser paraître son scepticisme. Il se disait qu'il y a déjà, par le monde, bien assez d'hommes d'action pour le bienfait que la société en tire, et que, dans l'intérêt bien compris de cette société même, [il serait [eût] à souhaiter que] ceux qui, comme Jacques, pouvaient se consacrer au spirituel, devaient abandonner à ceux qui n'en ont pas d'autre, le domaine du temporel.

Il se disait surtout que Jacques avait changé de camp, que Jacques avait trahi. Et il prenait entièrement conscience de sa déception. Ce qu'il y avait naguère en Jacques de si irrésistiblement jeune, bondissant, communicatif, et qui lui faisait comparer la pensée de Jacques à une flamme dansante, n'existait plus. Leur amitié en était atteinte. Rien ne ressusciterait plus entre eux la ferveur de leurs entretiens passés, ce frémissant échange où chacun donnait à l'autre son meilleur.

– « Mais autrefois », dit-il presque malgré lui, et comme s'il achevait de se parler à lui-même, « quand tu pensais à ton avenir c'était uniquement à un avenir d'écrivain, d'artiste, n'est-ce pas ? »

– « Non », s'écria Jacques, avec une précipitation voulue. « Au fond je [n'avais pas d'idée] ne précisais pas ce que serait ma vie. »

Ce n'était pas inexact. Au temps où il préparait Normale, le plus souvent il se flattait bien de devenir un romancier. Mais souvent aussi, dès cette époque-là, il avait le sentiment que ces cartes qu'il tenait en main (sa situation de famille, ses diplômes, ses amitiés, ses amours mêmes) ne constituaient pas vraiment le jeu avec lequel il aurait à gagner [la] sa partie dans l'existence. Et bien souvent alors il avait pensé que sa destinée ne pouvait avoir une relation d'effet à cause avec de si médiocres éléments de réussite. Au souvenir de ces temps lointains, une soudaine mélancolie l'assombrit : lorsqu'il rêvait à son avenir, l'adolescent d'alors avait, jusqu'au vertige, conscience d'être une force. « Mais », se dit-il, « cette conscience, je l'ai toujours! »

Son regard semblait errer au loin. Il [reprit] répéta :

– « Non, je t'assure, je n'imaginais pas bien ce que serait ma vie. » Et, sur un ton qu'il voulut rendre léger, il ajouta : « Je ne le sais pas davantage aujourd'hui! »

Daniel ne fut pas dupe. Il se tut un instant, puis, s'approchant de Jacques, il le regarda avec une inhabituelle brusquerie :

– « Tu dis que tu es heureux... » (Jacques ne se souvenait pas avoir rien dit de semblable) « ... Mais comme tu me parais tourmenté, et triste! »

Le bref sourire de Jacques était si désabusé qu'il acheva de glacer Daniel.

Jacques était revenu devant le poêle, et, debout, l'œil distrait, il se chauffait les mains. [Il y eut un assez long silence.] Daniel s'était assis. Il y eut un assez long silence. Puis, sans se tourner, d'une voix toute différente, fiévreuse et comme indignée, [il] Jacques se mit à parler, sourdement :

– « Daniel, tu ne sais rien du monde, tu vis enfermé dans ton égoïsme d'artiste, tu ne sais rien des hommes. Les hommes sont des bêtes qui souffrent, Daniel. La France, l'Europe, le monde entier est peuplé d'usines, creusé de galeries à charbon, couvert de villes avec des quartiers misérables et des bouges. Partout là-dedans les hommes s'entassent, [luttent,] se haïssent, luttent pour avoir du pain et attendent la mort en peinant, serrés les uns contre les autres dans une solitude pathétique, impuissants contre les égoïsmes pareils au tien, qui les écrase sans même les voir! Ils sont presque tous devenus grossiers, féroces, faute d'un peu... – je ne dis même pas de bonheur – faute d'un peu de facilité à vivre. Et toute cette misère, [dont on] à laquelle des millions et des millions d'hommes comme nous sont assujettis, dont ils meurent, elle s'épanouit dans l'indifférence d'une infime minorité qui profite de cette misère, comme toi, sans même s'en douter! »

Il avait tant de fois dit et écrit ces choses qu'il lui semblait réciter une leçon.

« Vois-tu », [continuait] poursuivit-il, en se retournant pour que Daniel vît son visage bouleversé, « tant qu'on n'a pas plongé soi-même dans cette misère jusqu'à se saouler de désespoir, on peut continuer à vivre comme tu vis. Mais quand une fois on a touché ces bas-fonds, alors, la vie d'un artiste... non... non... Ça n'est plus possible! »

– « Oui, je comprends », murmura Daniel. Il avait suffisamment vécu près des hommes, à la caserne, pour trouver en lui de quoi s'émouvoir. « Oui », songeait-il, « c'est vrai, tout est abominable : la haine jalouse et légitime du pauvre presque autant que l'attitude défensive de celui qui possède. [Tout est abominable.] Hors de l'art, tout est abominable. » Mais cela ne lui donnait aucune envie d'abandonner ce merveilleux refuge où il [était allé camper] avait installé sa vie. À prendre sur son dos le péché et le malheur du monde, qu'aurait-il fait d'autre que de paralyser en lui, sans véritable profit pour personne, ce qui était son énergie, sa force de créateur?

« Tu comprends », expliqua-t-il en se levant tout à coup, « moi, j'ai la ferme volonté d'être heureux. Et [peut-être,] pour décider qu'on sera heureux, en dépit de tout, peut-être cela exige-t-il un rétablissement assez méritoire, pour peu qu'on ne soit pas tout à fait imbécile et aveugle, – je veux dire : pour peu qu'on soit de ceux qui n'ignorent rien du mal universel... Eh bien, il y a une chose que je suis prêt à défendre plus que tout au monde : c'est ma liberté. Non seulement par instinct de conservation, comme tant d'autres, mais aussi par réflexion, parce que je pense que c'est, envers moi-même, le plus urgent des [1]... obligations... » (Il venait de

---

1. Addition en marge : « Il buta contre – et dit : ».

buter sur le mot « devoir ».) « Qu'est-ce que le devoir vient faire là ? » se dit-il brièvement. « Je parle malgré moi comme un huguenot... »

Ses paroles, d'ailleurs, ne se reliaient pas clairement à celles de Jacques. Il le sentit. Il voulait dire : « Dans une vie d'apôtre, ou de révolutionnaire, enfin dès qu'on se sacrifie à une cause, le premier sacrifice qu'il faut consentir, c'est celui de sa liberté. Eh bien, non ! »

[1] Jacques, sous son émotion sincère et pourtant un peu forcée, cachait des [pensées bien différentes. Il avait été atteint au vif par] pensées plus douloureuses. Ces mots de Daniel : « Comme tu es tourmenté et triste ! » l'avaient atteint au vif, parce qu'en effet il apercevait en lui une détresse dont la misère universelle n'était, malgré tout, qu'une cause adventice. Devant ce Daniel laborieux et convaincu de la valeur de son effort, voici que se levaient en Jacques des pensées auxquelles, depuis bien longtemps, il n'avait pas donné audience. Il entrevoyait subitement qu'il aimait toujours passionnément la vie, et qu'elle lui coulait entre les doigts, sans même qu'il sût l'utiliser. À quoi bon cette ardeur d'apôtre ? Ne brûlait-elle pas, en pure perte, dans un désert ? Devant les réalisations de Daniel, au contact de cette ambition non entamée, il songeait avec un découragement atroce au peu qu'il avait fait.

Daniel s'était mis à marcher à travers l'atelier.

– « Tout ça, moi, comprends-tu, ça me diminue », déclara-t-il. Il se sentait de plus en plus incohérent, et pourtant il ne faisait que suivre les associations logiques de sa pensée. Il voulait dire : « La plus élémentaire sensiblerie suffit à faire un pessimiste et un humanitaire... [non] Moi, je veux être heureux. »

1. La feuille 65 du manuscrit commence par un passage rayé dénué de lien grammatical avec la page précédente : « lui donnait aucune envie d'abandonner ce seul refuge où il avait installé sa vie. À prendre sur son dos le péché et le malheur du monde, qu'aurait-il fait d'autre que de paralyser en lui, sans véritable profit pour personne, ce qui était son énergie, sa force créatrice ? »

– « La nature », reprit-il, « je sens très fort qu'elle ne sera jamais du parti de ceux qui souffrent et se lamentent. Elle finit généralement par les abandonner à leur faillite. »

Le mot de *faillite* tomba dans le silence. Et c'est en entendant ce mot résonner dans la pièce vide [l'écho de ce mot] que Daniel fut tout à coup saisi d'une pensée terrible : dans la tristesse de Jacques, qui sait s'il ne fallait pas voir l'indice d'une faillite commencée ? Il en ressentit une douleur aiguë et précise, comme une pointe [qui pénètre] dans la chair. Jamais, jusqu'à cet instant, Jacques n'avait cessé d'être pour Daniel une exaltante raison d'orgueil. Jadis leurs désaccords mêmes alimentaient leur amitié, tant ils mettaient à se combattre une passion nourrie des mêmes sucs. Aujourd'hui leurs moindres dissonances [intimes] lui paraissaient capables de les séparer sans recours.

Jacques sifflotait. Bien qu'il demeurât immobile, les sourcils froncés, les mains tendues vers la chaleur, il avait tressailli intérieurement au mot de *faillite*. Son malaise devenait tellement aigu qu'il en chercha l'origine et la cause. Cela avait [commencé] dû commencer dès le début de l'après-midi, au cours de son entretien avec Antoine. Un mécontentement de soi. Pire encore : l'impression pénible d'être malhonnête, de mentir. Oui. Cela [avait commencé] durait même depuis longtemps, depuis son retour à Paris. Devant le lit de son père agonisant, dans tous ses rapports avec son frère, avec Gise, et même lorsqu'il se retrouvait seul dans le silence étouffant de sa chambre, il n'avait cessé d'avoir le sentiment qu'il n'était pas sincère. Un seul jour, peut-être, de répit : le jour de l'enterrement, lorsqu'il avait fait, seul, le pèlerinage de Crouy. Tout le reste du temps (sans d'ailleurs qu'il eût, en fait, à se [rapp] reprocher aucune dissimulation [précise] véritable) la présence des autres l'obligeait à mettre un masque, à être autre qu'il n'était. Atmosphère de fausseté indécise, qui, aujourd'hui, de minute en minute, devenait littéralement irrespirable.

Un vigoureux coup de sonnette ébranla l'air et le fit

sursauter. Il échangea avec Daniel un bref coup d'œil. C'était Ludwigson.

Alors un besoin de fuir, brutal, irrésistible, s'empara de Jacques. Il avait assez vu Daniel. La pénible confrontation n'avait que trop duré. Subir Ludwigson pour retrouver ensuite le décevant tête-à-tête, non. Partir. Daniel ne comprendrait pas, souffrirait? Tant pis. Partir, partir, partir! Ces sortes de [? [^1]] décisions étaient, [chez lui irrésistibles] chez lui, foudroyantes et irrévocables.

Sans plus hésiter, il traversa rapidement la pièce pour couper le passage à Daniel, qui, sans hâte, après avoir glissé dans les casiers quelques toiles qui traînaient, se dirigeait vers la porte.

– « Il est tard, mon vieux, je suis obligé de m'en aller. »

– « T'en aller? »

– « Oui. »

Daniel leva vers Jacques un regard de stupéfaction, puis de détresse. Il balbutia :

– « Quoi, t'en aller? Pourquoi? Ludwigson va rester dix minutes. Qu'est-ce qu'il y a? C'était convenu... »

Le visage de Jacques était de bois. Il évitait [de regarder] les yeux de Daniel. Il souffrait de [sa] la situation; mais, dans ces cas-là, plus il souffrait, plus il s'obstinait, comme s'il avait eu honte de transiger avec la résolution prise; et plus il avait d'impatience à rompre l'amarre, à en finir.

Ils étaient debout, tout près de l'entrée et parlaient bas. La présence de Ludwigson sur le palier paralysait Daniel.

Un nouveau coup de sonnette retentit. Il fallait se décider à ouvrir.

Jacques recula, revint vers le poêle.

Il reconnut, à demi étouffée par la portière qui séparait l'atelier du petit vestibule, la voix gutturale et chantante de Ludwigson.

[^1]: 1. Mot rayé illisible.

– « Il ne fait pas chaud », disait Daniel, « ne retirez pas votre manteau. »

La portière se souleva. Ludwigson [1] parut.

Il portait des gants clairs et une pelisse. [Sur l'épaisse fourrure du col, sa] Sa tête massive, sculptée dans une pâte blafarde et gélatineuse, reposait sur l'épaisse fourrure du col comme sur l'encolure velue d'un orang. Masque [préhis] qui évoquait la préhistoire, à peine plus haut que large, avec un front [étroit] bas comme un bandeau, un crâne pointu, des yeux écartés, enfouis dans les plis d'une chair soufflée, des pommettes plates d'Asiatique, un nez accusé et charnu. La bouche, lippue, dénudée, longue comme une estafilade, et bien assise sur le menton court, mal formé mais osseux et redoutable, faisait penser à un piège [2].

Il s'attendait évidemment à être seul avec Daniel et s'étonna imperceptiblement d'apercevoir Jacques. Il le reconnut d'ailleurs sans hésiter, et [il] tendit sa large main.

– « Charmé », fit-il, en roulant l'*r*. « J'ai eu le plaisir de causer deux fois avec vous à l'ancien atelier de Fontanin. Vous prépariez l'École Normale. » Il semblait avoir souci, par principe, de préciser ses souvenirs.

– « En effet », dit Jacques. « Vous avez une admirable mémoire. »

Ludwigson baissa ses lourdes paupières de batracien, et la face parut plus blême, tandis qu'il souriait avec finesse. Puis il se tourna vers Daniel.

– « C'est votre ami M. Thibault qui m'a appris que, dans l'ancienne Grèce, à Thèbes, si je me souviens bien, il fallait, pour obtenir une magistrature d'État, être resté dix années sans faire aucun trafic. Bien curieux, n'est-ce pas ?... Et vous m'avez appris aussi », ajouta-t-il, en assénant sur Jacques un

---

1. Note en marge : « Ne pas dire qu'il est levantin – *Son* désinence européenne. »
2. Commentaire en marge de ce paragraphe : « Trop de traits pour cette petite scène. J. S. » Sans doute cette remarque critique est-elle venue de Jean Schlumberger.

regard [compact, que] compact, « qu'en France, sous notre ancien régime, pour porter son titre, il fallait posséder depuis au moins vingt ans ses – comment disait-on ? – ses quartiers [de noblesse] nobles, n'est-ce pas ?... J'aime infiniment rencontrer des gens instruits », conclut-il en s'inclinant avec une grâce cérémonieuse de diplomate oriental.

Jacques sourit poliment. Puis, sans regarder Daniel, il prit congé du [Levantin [1]].

Daniel suivit son ami jusque dans l'entrée.

– « Alors, quoi ? » murmura-t-il.

« Est-ce que vraiment je te reverrai pas ?

Tu repars quand ? »

– « Ce soir à neuf heures. Veux-tu que nous nous retrouvions à la gare comme hier ? »

Jacques revit la buvette enfumée, et Daniel assis en face de lui, avec son casque et son manteau à pèlerine.

– « Non, impossible, je t'assure. »

– « [Mais, alors] Alors, quoi ? » Il avait l'air totalement désorienté. « Tu ne... Tu ne te cacheras plus, au moins, dis ? »

– « Mais non », fit Jacques, « tu as mon adresse. Nous nous écrirons. Tu viendras me voir. »

Ils étaient l'un devant l'autre affreusement mal à l'aise. Ils échangèrent une poignée de main machinale. Puis, tout à coup, Daniel se pencha, étreignit son ami, l'embrassa. C'était la première fois de leur vie.

Jacques se dégagea, s'efforça encore une fois de sourire, ouvrit lui-même la porte et s'élança dans l'escalier obscur.

– « Prends garde... », cria Daniel.

Jacques fuyait sans se retourner.

1. Mot rayé.

ÉCRIRE, C'EST CITER L'HISTOIRE

Le discours ici publié a été prononcé par Roger Martin du Gard en Suède en 1937, au moment de la réception du prix Nobel.

Dans une lettre adressée à René Lalou le 2 janvier 1938, il indique que le lauréat est condamné par les statuts à parler d'une de ses œuvres. « J'avais choisi *Jean Barois* pour ne pas avoir à revenir sur la question du pacifisme. (Le discours que j'avais sorti à l'Hôtel de Ville, devant le Prince royal et la famille royale, avait été assez marquant et avait donné à la presse suédoise assez d'occasions de commentaires politiques!) Dans cette conférence je me suis défendu d'être un auteur à thèse. »

Bien plus tard, en 1958, il écrit une lettre à son ami Albert Camus, qui a reçu le Nobel de cette année, où il lui dit : « On vous demandera une *conférence* en comité restreint, à l'Académie (séance mondaine genre " Aux Annales "). »

De ces deux références, il reste donc une incertitude quant au lieu du discours. Il en est de même pour la date : il l'aurait prononcé entre le 14 et le 20 décembre, probablement le 20.

La première pensée que j'ai eue à la lecture de ce discours, c'est une phrase de Bakhtine qui a écrit à propos des héros de Dostoïevski que nous les entendons plutôt que nous ne les voyons. Il aurait pu dire cette même phrase à propos de Jean Barois. *La forme dialoguée du roman, tout atténuée qu'elle soit par les notations de décor et par les descriptions des personnages, fait sentir finalement la vitalité et le poids des conversations, plutôt que l'image visuelle des acteurs. Ce roman est un flot de paroles.*

Il est donc légitime, normal même, que Roger Martin du Gard choisisse de raconter la vie de Jean Barois quand on lui demande de parler d'une de ses œuvres. C'est un roman de paroles qu'il raconte oralement.

Il n'est pas dans notre intention de faire ici une analyse approfondie de ce roman, ni de ce discours. Le lecteur pourra consulter avec profit les écrits d'André Daspre, de Réjean Robidoux, d'Eky Swedenborg, de M. J. Taylor. Nous voulons plutôt attirer l'attention du lecteur sur deux sujets : d'abord la question des doubles, de l'emploi des repoussoirs, ce qui conduit directement à la question de la valeur du document historique.

Roger Martin du Gard avait déjà montré combien la structure par doubles lui était naturelle quand il a écrit Devenir!, *plus ou moins spontanément. Dans ce roman la fausseté d'André Mazerelles sert de repoussoir à la lente solidité de Bernard Grosdidier. Il reprendra encore la structure par doubles quand il écrira* Les Thibault *où Antoine et Jacques représentent, d'après lui, deux côtés de sa propre personnalité.*

Dans Jean Barois c'est Marc-Elie Luce qui sera appelé à jouer le rôle de double auprès de celui qui serait le protagoniste principal, Jean Barois. Ce qui nous frappe cependant dans le discours de Roger Martin du Gard qu'on va lire, c'est qu'il a confondu les deux personnages. À un moment de son discours il cite les paroles de Luce mais il les attribue à Jean. (« Je vous lirai les paroles que Barois prononce à l'issue d'un banquet... »)

Dans un sens c'est une méprise tout à fait compréhensible car les paroles citées, tirées d'un discours de Luce, représentent également la pensée de Jean. C'est à ce moment exactement que la figure et le double ne font qu'un. D'après notre lecture du roman, la structure se définit principalement par l'ascension et la libération de Jean (première partie), suivies des activités de sa vie libérée, pendant que Marc-Elie Luce le seconde (deuxième partie), puis l'affaiblissement et la défaite de Jean, avec, en complément, la brillance de Luce qui reste fidèle à ses principes (troisième partie). La fausse citation de Roger Martin du Gard se situe justement au moment où les deux hommes se confondent par leur force, par leurs idées, par leur confiance. C'est quand la vie de Jean est arrivée à son plus haut point qu'elle est appuyée par l'existence idéale de Luce.

Au début du roman c'est très nettement la vie de Jean qui est le point de mire du texte. Il apprend « le goût de vivre », *partage avec l'abbé Schertz* « le compromis symboliste », *découvre que l'anneau peut aussi devenir une chaîne; finalement il rompt avec la religion. Quand il organise* Le Semeur, *publication des libres-penseurs, il demande à Luce de la patronner. Depuis cette entrée en scène de Luce jusqu'à l'apogée de la carrière de Barois, précisément le moment où Luce prononce l'oraison funèbre de l'affaire Dreyfus à l'Exposition de 1900, oraison que Martin du Gard attribue plutôt à Jean Barois, c'est en effet Jean qui est la figure principale du roman. Luce n'est que son ombre. Après ce moment de sa vie, Jean entre dans une période de calme, souffre de la* « fêlure » *qui le conduit à revenir sur ses idées de libre-penseur. Voilà les deux premières sections du roman.*

Cependant au fur et à mesure que la troisième partie avance, pour se terminer par le crépuscule et la mort infernale de Barois, Luce devient la figure centrale et Jean devient son repoussoir. De ce renversement de la figure et de son double, il résulte une certaine ambiguïté, surtout parce que Jean est un personnage plein de vie, exactement de la trempe du génie de Martin du Gard. Par contre, Luce est trop idéalisé pour dégager cette impression de vitalité. Il y a en lui quelque chose de factice que Martin du Gard aurait peut-être reconnu quand il dit dans ce discours : « ... je considère ce Luce comme un noble exemplaire de la race intellectuelle. » *Tuer le héros vital du roman pour laisser le beau rôle à un être* « exemplaire » *crée une ambiguïté esthétique, même plus, une ambiguïté idéologique.*

Ce renversement des fonctions a comme conséquence de poser la question du document historique et de sa valeur. « En pleine force et en plein équilibre intellectuel », *au moment même de la vie de son héros où Roger Martin du Gard s'est trompé dans l'attribution de la citation, Jean Barois a écrit un testament intellectuel où il renie à l'avance* « ce que je pourrais penser ou écrire à la fin de mon existence, lorsque je serai physiquement et moralement diminué par l'âge ou par la maladie ». *En effet, arrivé à la fin de sa vie, Jean change d'opinions, se reconvertit au catholicisme, et sa femme Cécile jette au feu le testament, avec l'accord tacite de l'abbé Joziers. Entre-temps, Luce a déclaré que Jean n'était plus capable de penser.*

De cette confrontation de deux attitudes vis-à-vis du testament, que faut-il conclure? Pour Luce le testament a une valeur absolue; c'est ce document qui explique la vie de Jean, et toutes les pensées et toutes les activités de la dernière partie de sa vie ne comptent pas parce qu'il ne pensait plus. Pour Cécile et l'abbé Joziers c'est la conversion qui compte, c'est elle qui explique la fin de la vie de Jean et qui renie le testament.

Le testament a pris toutes les valeurs d'un document historique. Mais comment le lire pour comprendre la vie de Jean? Puisque Jean Barois *est un roman plein de documents historiques, comment faut-il les lire? Ont-ils une valeur fixe, immobile, établie une fois pour toutes, ou chaque nouvelle génération a-t-elle le droit de les réinterpréter?*

Jean Barois *énonce comme le besoin de fixer, de rendre plus solide le document par les notes en bas des pages. Mettre des phrases historiques dans la bouche d'un personnage fictif, et surtout noter textuellement leur origine et que ce sont des phrases-citations énoncées par des personnes maintenant mortes, c'est vouloir en fixer le sens, en garantir l'exactitude. C'est vouloir faire entrer dans le monde fictif le monde des événements historiques. Par exemple, les citations tirées du compte rendu sténographique du procès Zola partagent cette double existence : la flexibilité du monde fictif qui cherche la permanence du monde historique.*

Quelle que soit la solidité de ces autres documents du roman, il restera toujours le testament de Jean qui non seulement ne fixe pas le sens de sa vie comme il l'avait voulu, mais, au contraire, pose la question sans donner de réponse. Il est vrai qu'il y a un certain côté affectif du roman qui donnerait raison à Marc-Elie Luce plutôt qu'à Cécile. Mais finalement la compréhension par le côté affectif laisse toujours ouverte la possibilité de plusieurs lectures différentes. Jean Barois *est un roman beaucoup plus ouvert qu'on ne le pense d'habitude. Roger Martin du Gard cite dans son discours Ponce Pilate qui pose la question : « Qu'est-ce que la vérité? » En réalité ce roman pose exactement la même question : où se trouve la Vérité dans le document historique? Écrire, c'est citer l'histoire, mais c'est citer l'histoire dont le sens n'est pas sûr, malgré les notes. Le document historique est un champ ouvert.*

Grant E. Kaiser
(*Emory University, Atlanta*)

DISCOURS SUR « JEAN BAROIS »
DE ROGER MARTIN DU GARD

C'est à l'Académie suédoise que je veux d'abord adresser mon salut. L'honneur insigne que vous venez de me faire, Messieurs, avec un éclat si retentissant, est de ceux qu'on ne reçoit pas sans broncher, je dirai même qu'on n'accepte pas sans quelque crainte, pour peu qu'on ait un sentiment naturel de responsabilité. Si je n'ai pas conscience d'avoir jusqu'ici mérité cette exceptionnelle marque d'estime, du moins me reste-t-il l'espoir d'ajouter à mon œuvre quelques ouvrages qui justifient mieux la confiance que vous m'avez témoignée et pour laquelle je vous prie d'agréer publiquement l'hommage de mon respect, de ma fierté et de mon extrême gratitude.

Monsieur le Ministre, Mesdames, Messieurs, cette haute faveur qui m'échoit s'accompagne à juste titre de quelques obligations. Je ne fais pas seulement allusion aux intimidantes solennités de ces derniers jours, mais au motif qui m'amène aujourd'hui devant vous. Les statuts de la Fondation Nobel condamnent aimablement le lauréat à faire une conférence sur son œuvre et si gênant que cela puisse être de parler de soi, il faut bien que je m'exécute. Je vous demande d'avance une grande indulgence, d'abord parce que mon habitude de prendre la parole en public date exactement de trois jours, ensuite, parce que j'ai peur d'être un peu long. C'est que, voyez-vous, il est très difficile à un auteur de parler brièvement d'un livre de lui, surtout quand c'est un très gros livre.

Quand vous serez las de m'entendre je compte sur vous pour me faire savoir par des mouvements d'impatience et des bruits divers, comme c'est d'usage dans les Parlements politiques, que j'ai vraiment outrepassé les limites de votre attention et même de la traditionnelle courtoisie suédoise.

Je me propose de vous raconter la vie de Jean Barois. *Jean Barois,* c'est le titre d'un livre que j'ai commencé en 1910 et qui a été publié à la fin de 1913, huit mois avant la guerre. Si je tiens à indiquer que cet ouvrage date de vingt-cinq ans, c'est afin que vous ne soyez pas trop sévères pour un certain mode de penser, pour un certain ton qui porte évidemment le reflet d'une époque dépassée.

Je voudrais parcourir sommairement avec vous, en illustrant notre parcours par quelques lectures du texte, cette histoire, cette douloureuse histoire, car l'histoire d'une vie est bien rarement l'histoire d'une réussite, et pour ceux dont les aspirations de jeunesse avaient quelque noblesse, quelque grandeur, toute existence humaine, à ce qu'il me paraît, se solde plus ou moins par une espèce de faillite.

Jean Barois est un enfant de la province française. Il est né dans une famille bourgeoise. Il est élevé dans la religion catholique. C'est alors un gamin réfléchi, travailleur et pieux, mais vers la quinzième année, voici qu'il commence à penser. Et penser, c'est toute une aventure : c'est s'embarquer sur un navire sans destination connue pour un long, pénible et mystérieux voyage, sans même savoir si l'on atteindra jamais la terre ferme, si l'on débarquera jamais quelque part.

Jean Barois pense, c'est-à-dire qu'il doute. Avant tout, il a besoin de comprendre. Pour comprendre, il faut d'abord ne plus croire. Penser c'est d'abord dire non, c'est nier ce qu'on croyait. Dans ce sens-là Jean Barois est quelqu'un qui nie, quelqu'un qui ne s'adapte pas. Je crois que c'est là un des secrets des êtres forts : ne pas s'adapter. Vous me direz qu'on s'adapte fatalement, dans une certaine mesure, à la société dans laquelle on vit et de laquelle on vit. Je l'accorde, mais ceci dit, je crois que nous faisons preuve de faiblesse quand nous abdiquons ce que nous sommes sous prétexte qu'il faut se conformer à son temps. Le bon nageur est celui qui nage contre le courant; la marque d'une véritable vigueur c'est de s'implanter dans son époque, tel qu'on est, avec ses forces individuelles et ses préférences. L'homme qui tient bon, l'homme qui défend et impose certaines façons de penser, de sentir, de vivre, parce qu'elles sont les siennes, parce qu'elles sont bien à lui, il en fait, par son obstination même, des éléments du présent, et il les introduit dans l'avenir.

Donc, vers ses quinze ans, Jean Barois se met à discuter les dogmes de cette religion à laquelle il reste encore si fortement attaché par sa sensibilité, et cette crise religieuse dure pendant toute sa jeunesse, et même au-delà, jusqu'au seuil de sa vie d'homme. Les arguments dogmatiques sont subtils et leurs mailles sont difficiles à rompre pour les êtres probes et scrupuleux. On ne s'évade guère de l'église par le raisonnement seul. La raison ne suffit ni pour y entrer ni pour en sortir.

D'ailleurs, d'autres chaînes, sentimentales, retiennent encore Barois au bord de la religion. Il avait épousé, après de longues et tendres fiançailles, une jeune cousine près de laquelle il avait grandi. Sa femme est une âme simple et fervente, qui ne soupçonne même pas ce que peuvent être les problèmes où son mari se débat. Et pendant quelques années ce mariage d'amour inclinera Jean Barois au respect des formules religieuses, et le condamnera à une certaine passivité, à une certaine acceptation. Mais chez cet être robuste, actif, logique, la pensée travaille et finit par être victorieuse. Après bien des sursauts et des secousses que je ne puis analyser ici, Barois rejette définitivement la tutelle des croyances de sa jeunesse. Alors, comme la plupart de ceux qui ont longtemps souffert de la contrainte des dogmes, il pousse l'affranchissement jusqu'à l'extrême, il devient un libre-penseur farouche, un sectaire, et il rompt avec sa femme qui n'a pas la largeur d'esprit, ni le courage, de supporter la vie commune avec un athée.

Enfin libre et seul, Jean Barois débarque à Paris. Il y arrive en un moment pathétique de la vie sociale française, au début de l'affaire Dreyfus. Vous savez tous ce qu'a été ce procès : une lutte qui dépassait de beaucoup le cadre d'une nation, une lutte pour laquelle toute l'Europe s'est passionnée parce qu'elle mettait aux prises d'une part : l'ordre établi, l'armée, le gouvernement, la majorité d'une opinion publique faussement renseignée, d'autre part, une idée abstraite, morale, le respect de la justice quelle qu'elle soit. Barois n'hésite pas. Il se jette dans la mêlée avec l'intransigeance et l'esprit de révolte d'un homme récemment libéré du joug.

Autour de son fanatisme contagieux se groupe une jeunesse ardente, dont il devient le chef, et il fonde une revue de combat qu'il intitule orgueilleusement *Le Semeur*.

Pour la fondation de cette revue a lieu, un soir, chez Barois, une réunion des jeunes collaborateurs. La soirée s'est poursuivie tard, on a beaucoup parlé, beaucoup fumé, et chacun, dans l'enthousiasme de cette entreprise qui est en train de naître, développe les idées qui lui tiennent à cœur.

En feuilletant ces jours derniers mon livre, pour préparer cette lecture, mes yeux sont tombés sur la page où Barois, avec une exaltation romantique, explique à son tour, à ses camarades, ce qu'il pense du monde de son temps. Et j'ai envie de vous lire cette page, non pas pour ce qu'elle vaut en elle-même, mais parce que je trouve piquant de savoir qu'il y a juste un quart de siècle qu'elle a été écrite.

Barois avait choisi dans l'œuvre d'un théologien de notre dix-neuvième siècle, Lamennais, un passage dont le lyrisme prophétique était bien fait pour électriser toute cette jeunesse tumultueuse. Voici ce passage de Lamennais :

> *Prêtez l'oreille! Et dites-moi d'où vient ce bruit confus. Posez la main sur la terre, et dites-moi pourquoi elle a tressailli? Quelque chose que nous ne savons pas se remue dans le monde. Est-ce que chacun n'est pas dans l'attente? Est-ce qu'il y a un cœur qui ne batte pas? Fils de l'homme! monte sur les hauteurs et annonce ce que tu vois!*

Et Barois, s'abandonnant à son improvisation, s'écrie :

> Ce que je voudrais vous dire, moi, dans mon article, eh bien, je reprendrais la citation de Lamennais : « *Quelque chose que nous ne savons pas se remue dans le monde...* » Quel est ce frisson? L'éternel mouvement de la pensée humaine, le progrès... La gestation d'une œuvre infinie à laquelle s'agglomère chacun de nos efforts. Et ce mouvement porte obscurément en lui toutes les solutions que nous cherchons, toutes ces vérités de demain, qui se dérobent encore à nos explorations, mais qui, à leur jour, comme tombent les fruits mûrs, se dévoileront l'une après l'autre, devant l'interrogation humaine! Il en est parmi nous, qui sont doués d'une sorte de prescience, qui distinguent déjà ce que d'autres n'aperçoivent pas encore. C'est à ceux-là que Lamennais crie : « *Fils de l'homme, monte sur les hauteurs, et annonce ce que tu vois.* » Et je ferais un rapide tableau de notre vision de l'avenir : « *Annonce ce que tu vois.* » Je vois : l'extension monstrueuse des puissances de l'argent; toutes les revendications les plus légitimes écrasées sous sa tyrannie... Je vois : l'ébranlement des masses laborieuses, la poussée

d'une majorité humaine, brutale, inculte, enivrée d'illusions, affamée de sécurité et de bonheur matériel, contre une minorité aveugle, encore puissante par la force des choses établies, mais dont la stabilité relative ne repose que sur le régime capitaliste. Donc : poussée générale contre l'État capitaliste. Poussée formidable dont l'histoire n'enregistre pas de précédent, et qui ne peut pas ne pas être victorieuse parce qu'elle est la force nouvelle, l'élan même de la sève humaine contre un monde usé, qui n'est plus digne d'être sauvé. « *Annonce ce que tu vois.* » Je vois en chacun de nous le désordre, l'incertitude, une épouvante inavouée de l'inconnu plane sur la plupart des êtres cultivés. Un combat se livre en chacun d'eux, toutes les forces vives des âmes se sont soulevées, consciemment ou non, contre la survivance des impératifs mythologiques. Combat multiple, plus ou moins obscur, mais universel, et qui rend intelligible les excès du déséquilibre social... Voilà, mes amis, ce que je voudrais dire.

Pour patronner auprès du public sa jeune revue, Jean Barois s'adresse à l'un de ses aînés, un homme qui est, aux yeux des jeunes de ce temps-là, un vivant exemple de sagesse et de droiture : c'est Marc-Élie Luce.

Excusez mon indulgence paternelle, mais je considère ce Luce comme un noble exemplaire de la race intellectuelle. C'est un penseur, qui ne s'illusionne guère sur la valeur absolue des choses, ni sur l'importance des conclusions que la raison humaine croit pouvoir en tirer. C'est d'autre part un type d'homme assez complet, parce que c'est à la fois un optimiste et un pessimiste. Je m'explique. Il est trop clairvoyant et trop observateur pour n'être pas pessimiste. Mais il possède, au plus haut degré, cet optimiste instinctif, sans lequel on ne peut ni subsister ni agir; cet optimisme que j'appellerai vital et qui, chez les êtres forts et sains, fait heureusement contrepoids à ce pessimisme raisonné que nous imposent hélas, le spectacle et l'expérience du monde.

Permettez-moi, afin de vous faire un peu connaître ce Luce, d'extraire ces quelques répliques de la première rencontre de Barois et de Luce, ces deux hommes qui étaient destinés à devenir non seulement des amis, mais des frères de combat :

> LUCE : Vous avez pris, jeune homme, dès le premier numéro de votre revue, une attitude très franche, très courageuse, mais comment dire, un peu... ?
>
> BAROIS : Une attitude combative.
>
> LUCE : Elle me plairait sans réserve, si elle n'était que combative, mais elle est... agressive, n'est-ce pas ?
>
> BAROIS : Nous sommes tous ardents, convaincus, prêts à lutter pour nos idées. Il ne me déplaît pas de montrer quelque intransigeance... Je crois qu'une doctrine puissante et jeune est, par nature, intolérante : une conviction qui commence par admettre la légitimité d'une conviction adverse se condamne à n'être pas agissante : elle est sans efficacité.
>
> LUCE : Pourtant, c'est l'esprit de tolérance qu'il faut essayer d'établir entre les hommes : nous avons tous le droit d'être ce que nous sommes, sans que notre voisin puisse nous l'interdire, au nom de ses principes personnels ! Vous savez si je suis hostile à l'esprit clérical ! Eh bien, ce qui m'écarte des Églises, bien plus que leurs erreurs, c'est leur intolérance. Non, je ne conseillerai jamais d'opposer le mal au mal. Il suffit de réclamer pour tous la liberté de la pensée et d'en donner l'exemple. Que l'erreur reste libre, mais que la vérité le soit aussi. Et ne nous préoccupons pas des suites. La vérité sera toujours victorieuse un jour !

Je passerai brièvement sur ce qu'on peut nommer la phase ascendante et glorieuse de la vie de Barois. Elle est tout d'abord entièrement occupée par sa campagne pour la réhabilitation de Dreyfus, campagne qui a duré quatre ans, car il a fallu quatre années d'âpres batailles pour que la justice triomphe, pour que les passions soulevées s'apaisent et pour que la France reprenne enfin sa stabilité morale. Je vous lirai seulement comme une conclusion de cette période révolutionnaire, les paroles que Barois prononce à l'issue d'un banquet où sont réunis une dernière fois autour de lui, tous ses compagnons de lutte.

La crise est traversée. La force de la vérité est opiniâtre, elle finit toujours par plier les événements sous sa loi. Nous avons sacrifié quatre ans de notre vie mais c'est pour une belle cause, et cela seul importe. Ce que nous avons fait, mes amis, nous devions le faire, et s'il fallait recommencer demain, nous n'hésiterions pas. Songeons sans mélancolie que dans cinquante ans – et même plus tôt peut-être – l'affaire Dreyfus ne sera qu'un petit épisode des luttes de la raison humaine contre les passions qui l'aveuglent, un moment, et pas davantage, de ce lent et merveilleux cheminement de l'homme vers plus de bien. Notre façon de concevoir la justice et la vérité est condamnée à être dépassée dans les âges à venir; nous le savons et, loin d'abattre notre courage, cette certitude, cet espoir, sont les plus efficaces stimulants de notre élan actuel. Le devoir strict de chaque génération est d'aller dans le sens de la vérité, aussi loin qu'elle peut, à la limite extrême de ce qu'il lui est permis d'entrevoir, – et de s'y tenir désespérément, comme si elle prétendait atteindre la vérité absolue. C'est la condition nécessaire de la progression de l'humanité.

Après l'affaire Dreyfus, Jean Barois demeure pendant des années, le champion de la libre-pensée française. Intègre, inattaquable, généreux, toujours prêt à aller de l'avant, ne

ménageant que sa conscience, il consacre toute son activité
à faire triompher ses idées.

Pour vous donner un aperçu de sa pensée à cette époque-
là, je vais vous lire un passage d'une conférence publique
que Jean Barois, en pleine notoriété, fait à Paris devant deux
mille auditeurs rassemblés pour l'entendre, en la grande salle
des fêtes du Trocadéro.

Le sujet qu'il avait choisi était assez significatif : « L'avenir
de l'incroyance ».

Il semble bien qu'une religion dogmatique ne peut
indéfiniment tenir les hommes sous son joug. La rigidité
fondamentale de ses formules la rend de plus en plus
inacceptable à des esprits qui ont trop souvent expéri-
menté la relativité de leurs connaissances pour admettre
une doctrine qui se proclame immuable et infaillible.
Le courant actuel semble orienter vers une conception
purement scientifique de l'univers!

Que sera-t-elle, cette irréligion de l'avenir? Qui de
nous peut l'entrevoir? Qui de nous oserait la définir?
Je crois que le ralliem... (C'est Barois qui parle, ce n'est
pas moi!) Je crois que le ralliement des esprits et des
cœurs, pourrait se faire, d'une part sur le terrain de la
solidarité sociale, et de l'autre, sur le terrain de la
connaissance scientifique. J'entrevois la possibilité d'une
éthique nouvelle. En face d'une nature indifférente et
qui le dépasse, l'homme aura toujours le besoin de
s'associer à son semblable; et de ce besoin-là naissent
fatalement des obligations morales. J'imagine que cette
sorte de devoir établira pour un temps un nouvel équilibre
social. Pronostic vague, je le sais, simple jeu de l'esprit!
Mais les temps nouveaux n'ont plus de prophètes... Ce
qui est probable, c'est que le terrain de ralliement ne
sera plus métaphysique. Il nous faut en toutes choses,
maintenant, une base expérimentale. Aux religions qui
affirmaient connaître le sens de l'univers, succédera sans

doute une philosophie positive et neutre, sans cesse
alimentée par les découvertes scientifiques, essentiellement mobile, transitoire, modelée sur les progrès de
l'expérience humaine et qui ne cessera d'élargir ses
horizons. Remarquez déjà combien nous semble mesquin
et incomplet le matérialisme sentimental d'il y a cinquante ans! La pensée pousse en plein inconnu son
investigation : je crois que nous possédons déjà quelques
bonnes méthodes de recherche... Mais nous sommes loin
de pouvoir deviner vers quels nouveaux aspects de la
réalité l'élan de l'humanité nous mène! Pour ingrat que
puisse nous paraître le rôle des hommes d'aujourd'hui,
il est cependant capital. Nous sommes une de ces
quelques générations auxquelles incombe le soin d'opérer
l'évolution scientifique, nous sommes une des minutes
de la douloureuse agonie d'un passé.

Ce discours du Trocadéro, situé au milieu du livre, est
comme le sommet d'une courbe. Maintenant c'est l'autre
versant qui apparaît. Maintenant commence la phase descen-
dante. Brusquement, cette grande flamme se met à baisser.
L'âge arrive et surtout la maladie. Après une pleurésie grave,
Barois reste atteint d'un mal qui le ronge en secret, d'un
mal qui ne pardonnera pas. Ce farouche lutteur, qui n'a
jamais consenti à regarder autre chose que la vie, aperçoit
tout à coup devant lui, visible et déjà proche, la mort. Et
c'est comme un brusque changement d'éclairage, comme un
renversement soudain de toutes les valeurs. En même temps,
il découvre que, autour de lui, une jeunesse nouvelle est née,
une jeunesse qui piaffe et qui à son tour veut agir, une
jeunesse qu'il comprend mal et dont il ne se sent plus
compris.

C'est comme le drame de toutes les générations. L'heure
bouleversante où surgissent à nos côtés des adolescents que
nous n'avions pas vu venir, qui ont pour eux les forces et
l'irrésistible rayonnement de leur jeunesse et qui, forts de

leurs droits tout neufs, nous arrachent des mains ce qu'ils croient être un flambeau.

Je vous demande de bien vouloir écouter deux scènes, un peu longues peut-être, mais qui vous feront assister d'une façon plus précise et plus directe, à l'évolution de Jean Barois. Le vieillissement progressif d'un homme, d'un homme de pensée et d'action, c'est vraiment parmi tous les spectacles attristants de ce monde, l'un des plus émouvants qui soient.

Quand j'ai écrit ces pages-là, j'avais trente ans. Il me semble aujourd'hui que j'avais d'avance pressenti ce que c'est que de vieillir, que de se sentir abandonné peu à peu par ce flot qui vous a porté, ce flot qu'on avait naïvement confondu avec soi-même et qui soudain vous dépose, et vous dépasse.

La première de ces scènes est un entretien de Barois avec un nommé Dalier, un très jeune écrivain du *Semeur*. *Le Semeur*, ce périodique que Barois a créé au temps de l'affaire Dreyfus et qui est devenu, grâce à lui, une influente revue de combat libre-penseur. Vous allez voir combien le ton a changé depuis la conférence du Trocadéro :

BAROIS : Je viens de parcourir votre article, mon ami. Ça ne va pas, mais pas du tout... Je ne dis pas qu'il soit mal construit : mais il ne peut pas être publié tel quel dans notre revue. Si c'est là votre conception personnelle du sentiment religieux, c'est votre affaire, mais jamais je ne laisserai paraître dans un périodique que je dirige, un article aussi étroitement... sectaire!

Un silence. Dalier fait un pas en arrière pour se retirer. Barois passe sa main sur son front; et d'un geste, il invite Dalier à s'asseoir.

BAROIS : Voyez-vous Dalier, vous escamotez une partie de la réalité... c'est trop commode.

DALIER : Mais monsieur, vous-même, vous avez vingt fois soutenu devant moi... non seulement la faillite des dogmes, mais la faillite du sentiment religieux.

BAROIS : Eh bien, c'est possible Mais aujourd'hui, je

vous dis que, si l'on déracine le dogme, le sentiment religieux persistera. Il prendra une forme différente. Regardez autour de vous : tout l'effort de la raison n'a pu l'ébranler, au contraire! Le sentiment religieux, il est partout. Dans tout ce qu'on tente d'un bout à l'autre du monde, pour défendre le droit, pour préparer un avenir social meilleur. La charité, l'espérance et la foi... Mais c'est exactement ce que, sans employer les mêmes termes, je m'efforce de pratiquer moi, depuis que je suis affranchi. Alors? N'est-ce qu'une question de mots? Qu'est-ce qui me guide obscurément vers le bien, sinon la permanence en moi d'un sentiment religieux qui a survécu à ma foi? Et d'où vient qu'il y ait, en chacun de nous, ce même principe de perfectionnement?

« Non, non, la conscience humaine est religieuse, en son essence. Il faut l'admettre comme un fait... Le besoin de croire à quelque chose!... Ce besoin-là, il est en nous comme le besoin de respirer.

Le second fragment que je veux vous lire est extrait d'une scène où Jean Barois, plus vieilli encore, et plus inquiet, se sentant abandonné par ses collaborateurs jeunes, fait une visite à son grand ami Marc-Élie Luce pour lui annoncer qu'il donne sa démission de directeur de revue, qu'il renonce à son poste de chef et qu'il va, comme un champion disqualifié, se retirer loin de Paris et y attendre la mort.

LUCE : Un homme comme vous ne se condamne pas volontairement au silence!

BAROIS : Oh, si!... Il y a une heure dans la vie où il faut savoir s'arrêter et se taire.

LUCE : Supposez un instant que les rôles soient renversés. Supposez que je sois venu vous dire : Je quitte tout, je renonce à vivre...

BAROIS : Ah, vous, vous n'en auriez pas le droit! Mais ce n'est pas la même chose. Vous avez une sagesse qui accepte tout ce qui arrive... C'est la différence qu'il y a entre le bonheur et le malheur.

LUCE : Il est si facile de ne chercher son bonheur que dans les satisfactions de la raison.

BAROIS : Elles ne me suffisent plus! J'en ai assez de me débattre dans une vie dont le sens m'échappe... Ah, mon pauvre Luce, comment ne pas désespérer de tout? Voyons! À quoi ont abouti nos efforts? Partout le mensonge, l'intérêt, l'injustice sociale comme avant! Où est-il le progrès? Nous aurons beau travailler à améliorer le sort des autres, à les affranchir, toute la nature travaille contre nous : toutes les injustices, toutes les erreurs renaissent avec chaque génération et c'est toujours la même lutte, et toujours la même victoire du fort sur le faible, du jeune sur le vieux, éternellement!

LUCE : Non, je ne peux pas vous suivre, je ne peux pas voir le monde si mauvais que vous le faites... Au contraire, je vois qu'en somme, c'est tout de même l'ordre et le progrès qui finissent par gagner peu à peu... Vue d'ensemble, vue de haut, l'humanité avance. Aucun esprit de bonne foi ne peut nier ça. Ah, je reconnais que nous vivons à une époque bouleversée... Mais comment ne sentez-vous pas que c'est l'avenir qui germe sous cette souffrance!

BAROIS : Oui, autrefois, ce genre de raisonnement avait un sens pour moi. Maintenant, non. Rien de tout ça ne m'atteint à l'endroit où je souffre... Ah! c'est affreux de vieillir. Je suis fini. Et quand je me retourne vers mon passé, qu'est-ce que j'y trouve? Qu'est-ce que j'ai fait? Évidemment j'ai écrit, j'ai aligné des mots, je laisse des livres, des articles, qui ont eu leur actualité... Mais croyez-vous que je sois leur dupe? et que je m'illusionne sur la pauvreté de tout ça?

LUCE : Vous méconnaissez votre vie, Barois; ce n'est pas digne. Vous avez cherché; vous avez trouvé des parcelles de vérité; vous avez contribué à extirper quelques erreurs, et à préserver quelques certitudes qui vacillaient; vous avez défendu la justice, avec une ferveur communicative qui a fait de vous, pendant quinze ans, l'âme vivante d'un parti... Je trouve votre vie très belle.

« Allez, allez, Barois, il n'y a pas une bonne graine qui se perde, pas une idée généreuse qui ne germe un jour. Il suffit pour avoir fait du bon ouvrage, de s'être donné humainement, toute sa vie. Quand on a semé le mieux et le plus possible, on peut s'en aller en paix, et céder la place à d'autres...

BAROIS : Mais je ne suis pas aussi sûr que vous, d'avoir semé le bon grain...

Luce le considère avec un découragement infini.

LUCE : Vous ne raisonnez plus...

BAROIS : Ah! on peut raisonner quand on a trente ans. On peut se passer de croire quand on est jeune. Mais quand on se sent près du terme, on est tout petit devant l'infini... On a par-dessus tout, un désir vague... le désir d'on ne sait quoi... qui serait le remède à toutes les transes... Un peu de paix, un peu de confiance... Quelque chose sur quoi s'appuyer... pour n'être pas trop malheureux, pendant le temps qui reste encore.

(Long silence.)

LUCE : Mon pauvre ami, que voulez-vous que je vous dise, je ne peux plus rien pour vous, maintenant...

Nous voici presque à la fin du livre. C'est le crépuscule. Barois est revenu dans la petite ville de province où jadis, ivre de vitalité, il était parti à la conquête du monde contemporain. Sa femme, toujours pieuse et occupée d'œuvres charitables, le recueille et le soigne. C'est maintenant un vieillard frileux qui passe ses journées au soleil sur un banc dans le petit jardin de son enfance. À quoi pense-t-il? À la mort. Mais cet affreux tête-à-tête il ne le supporte pas avec le stoïcisme d'un héros. Il ne peut pas regarder en face ce ciel vide. Le néant lui fait horreur. Alors devant lui, se lèvent un à un, les fantômes consolants auxquels sa piété d'enfant s'était attachée avec tant de ferveur.

Un prêtre se trouve là, comme toujours. Et peu à peu, ce prêtre ramène Jean Barois à Dieu. La religion d'autrefois lui offre enfin cet appui qu'il ne trouvait plus dans sa raison. La foi n'est pas tant un acte d'intelligence qu'un acte de sensibilité, la réponse à un irrésistible besoin de soumission et de confiance. Elle apporte à Barois cette espérance en l'au-delà dont il avait si grande soif, elle change à ses yeux l'aspect même de la mort, elle transforme en une sublime attraction ce qui n'était qu'un mystère effroyable.

Il y a un beau proverbe asiatique qui dit : « La route qui mène à ton cœur fait le tour de la terre, mais tu ne retrouveras au bout que toi-même, et tes désirs inapaisés. »

Et maintenant, c'est le dernier chapitre.

Jean Barois vient de mourir entre sa femme et le prêtre, l'œil fixé sur le crucifix. La femme ouvre le tiroir où Barois rangeait ses papiers et la première enveloppe qui tombe sous sa main est celle qui contient le testament du mort. Ce testament, Jean Barois l'a écrit, il y a des années, en pleine vie active, à Paris, et comme s'il avait eu le pressentiment de sa capitulation sénile. Elle décachette l'enveloppe. Elle le lit :

> Ceci est mon testament. Ce que j'écris aujourd'hui, à trente ans, en pleine force et en plein équilibre intellectuel, doit de toute évidence prévaloir contre ce que je pourrai penser ou écrire à la fin de mon existence, lorsque je serai physiquement et moralement diminué par l'âge ou par la maladie. Je ne connais rien de plus poignant que l'attitude d'un vieillard dont la vie tout entière a été employée au service d'une idée, et qui, dans l'affaiblissement final, blasphème ce qui a été sa raison de vivre, et renie lamentablement son passé.
>
> En songeant que l'effort de ma vie pourrait aboutir à une semblable trahison, en songeant au parti que ceux,

dont j'ai si ardemment combattu les mensonges et les
empiétements ne manqueraient pas de tirer d'une si
lugubre victoire, tout mon être se révolte, et je proteste
d'avance, avec l'énergie farouche de l'homme que je
suis, de l'homme vivant que j'aurai été, contre les
dénégations sans fondement, peut-être même contre la
prière agonisante du déchet humain que je puis devenir.

Je ne crois pas à l'âme humaine, substantielle et
immortelle.

Je sais que ma personnalité n'est qu'une agglomération
de particules matérielles dont la désagrégation entraînera
la mort totale...

Je crois au déterminisme universel...

Le bien et le mal sont des distinctions arbitraires...

Elle n'achève pas cette lecture impie. Elle remet les pages
dans l'enveloppe et, sans hésiter, jette le tout dans le feu.
Une flamme claire illumine la chambre.

Je ne voudrais cependant pas rester sur ce geste sacrilège.

Quelques jours avant la mort de Barois, Marc-Élie Luce a
fait le voyage pour revoir une dernière fois son ami. Devant
ce moribond que seule la foi soutient encore, Luce n'a su
que s'incliner et se taire, mais en sortant de la chambre du
malade, il s'est heurté au prêtre, qui a aidé Barois à se
convertir et entre ces deux hommes qui représentent deux
attitudes humaines si opposées, il y a une brève prise de
contact :

LUCE : Il est méconnaissable... Il ne reste plus rien de
son intelligence.

L'ABBÉ : Vous faites erreur, Monsieur : croyez bien
qu'il a longuement discuté, avant de trouver sa voie !

LUCE : Discuter ? Mais il ne le pouvait déjà plus lorsqu'il
a quitté Paris ! Non, non, ce pauvre Barois est comme
tant d'autres, une victime de notre époque. Sa vie a été
celle de beaucoup de mes contemporains : et elle est

tragique. Son éducation catholique s'est brisée, un jour, contre la science : toute la jeunesse cultivée passe par là. Malheureusement, notre conscience morale, dont nous sommes si vaniteux, nous la tenons, par hérédité, de plusieurs centaines de générations mystiques. Comment rejeter un pareil patrimoine? C'est lourd... Tous n'arrivent pas à fortifier suffisamment leur raison pour qu'elle reste jusqu'au bout victorieuse. Quand viennent les déceptions, les maladies et la menace finale, c'est la déroute : vous les voyez recourir bien vite aux contes de fées qui consolent... Vous lui avez offert la survie, et il s'y est accroché désespérément, comme tous ceux qui ne peuvent plus croire en eux. C'est votre mission, je sais bien... Et je dois reconnaître que l'Église a acquis en ces matières une incomparable expérience! Votre paradis est une invention merveilleuse : c'est une promesse placée si loin, si haut que la raison ne peut pas interdire au cœur d'y croire. Ah, c'est la trouvaille de votre religion, monsieur l'Abbé, d'avoir su convaincre l'homme qu'il ne doit même plus chercher à comprendre.

L'ABBÉ : Étiez-vous capable de le consoler? Moi, je lui ai apporté le calme; je lui ai montré des horizons clairs. Vous, vous n'avez su lui proposer que des visions sans espérance!

LUCE : Pourquoi *sans espérance*? Mon espérance, c'est de croire que mes efforts vers le bien sont indestructibles! Et elle est si forte, ne vous en déplaise, que les triomphes partiels du mal ne la découragent pas... Mon espérance à moi n'exige pas, comme la vôtre, l'abdication de ma raison : au contraire, ma raison la consolide. Elle me prouve que notre vie n'est ni un mouvement à vide, ni une simple occasion de souffrir, ni une course au bonheur individuel; elle me prouve que mes actes collaborent au grand effort universel; et partout elle me fait découvrir des motifs d'espérer! Partout, je vois la vie naître de la mort, l'énergie naître de la douleur, la science naître de l'erreur, l'harmonie naître du désordre... Oui, je lui ai offert une foi, moi aussi, et qui valait bien la vôtre, monsieur l'Abbé.

L'ABBÉ : Elle n'a pu lui suffire. Et, même si vous pensez que je lui ai offert un mensonge, vous devriez être heureux que j'aie pu, par n'importe quel moyen, lui rendre la paix.

LUCIE : Non, je ne connais pas deux morales. On doit arriver à la paix sans être dupe d'aucun mirage, par la seule vérité.

Les mots de vérité et de justice reviennent bien souvent dans ce livre. Il est vrai qu'ils ont été les maîtres mots de beaucoup d'hommes de ma génération. La vérité, nous la cherchions éperdument. Nous ne l'avons pas trouvée. Laissons les jeunes reprendre notre tâche. Déjà ils nous poussent et nous écartent. Qu'ils cherchent à leur tour. À moins... à moins, de tenir pour profonde, la réponse que fit Ponce Pilate, à ce petit sorcier hébreu, qu'on avait traîné devant son tribunal et qu'on appelait le roi des Juifs. Lorsque Jésus lui dit : « je suis venu pour rendre témoignage à la vérité », le vieux Latin sceptique le regarda du haut de plusieurs siècles de culture, c'est-à-dire, de doutes rationnels, et murmura en hochant la tête : « Qu'est-ce que la vérité ? »

Mesdames, Messieurs, maintenant que j'ai terminé cette analyse, je me demande si, par ce trop schématique résumé, je n'ai pas sensiblement appauvri cette œuvre de ma jeunesse. Je vais jusqu'à me demander si je n'ai pas commis ce qui serait vraiment une suprême maladresse, de me trahir moi-même. J'ai peur que vous ne sortiez de cette salle avec l'impression que mon livre est un plaidoyer et que l'auteur de *Jean Barois* est un auteur à thèse. Eh bien, en toute bonne foi, je vous assure que ce serait une erreur. Comment pourrais-je être un auteur à thèse ? Depuis que j'ai l'âge de regarder et de réfléchir, je n'ai, à peu de choses près, rencontré que des points de vue relatifs. Me voici, à l'approche de la soixantaine, toujours obsédé par les mêmes scrupules, toujours occupé, comme un adolescent, à réviser mes conjectures de la veille. Et j'ai presque renoncé à pouvoir jamais me reposer sur des certitudes.

Ah! j'envie souvent les gens assurés, ceux qui ont une fois pour toutes mis la vérité dans leur poche : cette race de gens plus nombreux que jamais, au point qu'ils semblent véritablement pulluler aujourd'hui sous toutes les latitudes, comme s'ils étaient le produit naturel de l'humanité à cet âge pathétique de sa croissance, ces gens qui savent toujours dire où est le vrai, où est le faux, où est le bien, où est le mal.

Ce n'est pas ma faute si mon tempérament m'a fait si différent d'eux. Et à ceux qui trouveraient que mon attitude de pensée est une attitude paresseuse et commode je me permettrai malgré tout de répondre que l'hésitation, le doute ne sont pas des positions aussi confortables qu'on le pense, et qu'il faut parfois, oserai-je le dire, un certain courage pour maintenir à travers ce siècle de fanatisme l'indépendance de l'esprit qui interroge.

Non, n'emportez pas d'ici l'idée que *Jean Barois* est un livre à thèse. *Jean Barois* c'est seulement l'histoire d'un homme.

Goethe, à la fin de sa vie, nous a légué ce sage conseil : le vrai sujet d'étude pour l'humanité, c'est l'homme, et votre grand révolté de Strindberg, quand il a consenti à révéler le but de sa confession passionnée, a dit qu'il avait voulu éclairer l'histoire de l'âme humaine.

Eh bien, à cette enquête de l'homme, penché sur son propre mystère, mon livre apporte simplement la contribution d'un document biographique.

Jean Barois, c'est un individu, parmi tant d'autres... Je ne dirai même pas : c'est un Français, ni c'est un catholique, car il m'a été prouvé que son histoire pouvait éveiller une compréhension fraternelle en des nations et en des confessions religieuses très diverses. Tout au plus concéderai-je que c'est un Européen, et un Européen de la fin du XIXᵉ siècle. Disons donc : *Jean Barois* est le drame d'une conscience européenne. Rien de plus. Aucune intention didactique. Mon dessein n'a pas été de prouver quoi que ce soit, mais simplement de soumettre à la réflexion du lecteur certains problèmes vitaux. La volonté de prouver détruit presque à tout coup l'œuvre d'art. C'est aux philosophes qu'il appartient de tirer des conclusions. Le romancier me paraît avoir un rôle infiniment plus modeste. Il doit se borner à créer des êtres vivants, à proposer des exemples, et il doit se désintéresser en quelque sorte des idées générales que son œuvre met en branle presque à son insu.

Vous connaissez sur ce point particulier le mot de Montaigne. Montaigne a toujours été mon ami. Il est un des seuls, sinon le seul penseur qui ait su sourire, et dont le scepticisme indulgent allège et éclaire la philosophie. C'est sur ce mot significatif de Montaigne que je veux terminer, parce que je l'ai toujours présent à l'esprit. Et puis, parce que j'aimerais qu'on m'accorde le droit de l'inscrire en tête de tous mes livres : « Je n'enseigne pas, je raconte. Je n'enseigne pas, je raconte. »

(Applaudissements)

« DISSONANCE »,
UN BREF DIALOGUE INÉDIT
DE ROGER MARTIN DU GARD

Le volume n° 99 du Fonds R.M.G. *conservé à la Bibliothèque nationale contient la copie au net d'un bref dialogue entre deux personnages, portant le titre* Dissonance. *Sur une feuille de titre qui précède cette copie, l'auteur nota qu'il avait rédigé cette pièce en 1914, « la 1ʳᵉ année du Vieux-Colombier [1] ». Mais la copie au net, elle aussi, est datée, et différemment : « Auxi-le-Château, Septembre 1915 [2]. » Les correspondances publiées de R.M.G. ne contiennent presque aucun indice concernant cette œuvre. Dans son* Journal de guerre *inédit, l'auteur nota sous la date du 12 septembre 1915 : « J'ai écrit une* saynète : Dissonance [3]. » Peu après, il semble avoir montré ce bref dialogue à Jacques Copeau qui lui répondit, le 19 décembre 1915 : « J'ai lu le petit manuscrit que vous m'avez laissé,* Dissonance. Je n'aime pas ça du tout. Ni le " genre ". Ni ce que vous en avez fait [4]. »*

Il est bien possible que le projet de Dissonance *date de 1914 et qu'il n'ait été réalisé qu'en 1915 [5]. Ces datations contradictoires ont en commun le fait qu'elles sont liées en tout cas à l'époque où l'amitié avec Copeau, nouée en 1913, tenait une*

---

1. *Fonds R.M.G.*, vol. 99, fol. 3.
2. *Ibid.*, fol. 4.
3. Cité d'après la *Correspondance Jacques Copeau-R.M.G.* (éd. par Claude Sicard), Gallimard, Paris, 1972, p. 200.
4. *Ibid.*, p. 198.
5. Cf. *ibid.*, la note de Sicard, p. 200.

place primordiale dans la vie et l'activité littéraire de R.M.G. Rassuré par le succès assez remarquable de son roman Jean Barois, *malgré la guerre, il entreprit un certain nombre de nouveaux essais littéraires, tenté autant par le drame que par le roman, peut-être même avec une petite préférence pour le genre dramatique. Rappelons qu'il travaillait entre 1914 et 1919 au drame* Deux jours de vacances, *d'abord appelé* Près des mourants, *et qu'il rédigea à cette époque quelques farces en vue du projet de Copeau d'une renaissance de la commedia dell'arte* [1]. *Copeau, encore enthousiasmé par la première comédie de R.M.G.,* Le testament du Père Leleu, *jouée sur la scène du Théâtre du Vieux-Colombier en 1914, comptait sur son ami et l'encourageait à essayer son talent dans le genre dramatique.*

Malgré le refus de Copeau, le manuscrit de Dissonance *resta dans les tiroirs du Vieux-Colombier. En 1921, ce bref dialogue tomba dans les mains d'un lecteur qui, malheureusement, reste inconnu. Celui-ci conseilla au chef de la troupe, à nul autre donc qu'à Copeau, de lire ce texte dans lequel il avait reconnu des promesses, évidemment sans connaître l'auteur :*

> *L'anecdote est mince – un très bref dialogue, un soir sur la terrasse.*
>
> *Un veuf de quarante ans est troublé par la sœur de la morte. Devant cette jeune fille il songe et croit à la possibilité de revivre... Il croit trouver en la jeune fille une émotion semblable à la sienne... À la dernière réplique on voit qu'il n'en est rien : en parlant elle songeait à une de ses amies, une vieille jeune fille, et non à elle...*
>
> *Il y a dans ce dialogue des qualités d'écriture, d'émotion et un très certain métier littéraire.*
>
> *Aussi bien c'est très court : lisez. Je crois qu'on peut espérer quelque chose de M. X. d'après ces notations* [2].

---

1. Ce projet de la « Comédie des Tréteaux » est expliqué plus à fond dans l'annexe à la *Correspondance Copeau-R.M.G.*, pp. 819 à 825, et dans les *Souvenirs* dans les *Œuvres complètes* de R.M.G. (Gallimard, Paris, 1955, vol. 1, pp. LXXV-LXXVIII.)
2. *Fonds R.M.G.*, vol. 99, fol. 2.

Cela n'est pas la première publication de Dissonance. *En 1930, Claude Aveline édita cette pièce sous le titre de* Dialogue, *dans le cadre d'une édition de bibliophile, distribuée hors commerce à un tirage de 100 exemplaires* [1]. *Dans le cadre de cet article, c'est la dernière version autographe de* Dissonance *qui est publiée, celle-ci cependant pour la première fois. Cela permet des comparaisons, cela implique aussi quelques questions : quelle est l'édition « valable » du texte, quel est le titre définitif? Il faudra opter probablement pour l'édition de Claude Aveline, parue du vivant de l'auteur qui sans doute avait revu et corrigé le texte avant de permettre sa publication. Attendons jusqu'à ce que l'édition de la correspondance de R.M.G. ait atteint l'année 1930 et espérons pouvoir y trouver les éclaircissements définitifs.*

D'après une note finale de Claude Aveline à son édition, R.M.G. aurait écrit ce dialogue en 1913. Nous avons déjà vu que cela paraît peu vraisemblable. Dans le catalogue de l'exposition R.M.G. *à la Bibliothèque nationale,* Dialogue *est présenté comme reprise d'une œuvre de jeunesse que l'auteur avait détruite plus tard,* La méprise [2]. *Cela semble douteux après lecture du résumé de* La méprise *donné par Claude Sicard* [3], *même si, évidemment,* Dialogue/Dissonance *retrace le développement d'une méprise.*

Les différences entre Dissonance *et* Dialogue *paraissent nombreuses si l'on compare les textes mot à mot. Pour la plupart, il ne s'agit que de simples corrections stylistiques. Les variantes révélatrices sont plutôt rares : d'abord,* Dialogue *est plus court que* Dissonance, *il y a moins de pauses dans le dialogue, l'auteur a raccourci et éliminé quelques indications scéniques, surtout des indications qui avaient pour but d'expliquer la situation du point de vue d'un auteur omniscient.*

---

1. R.M.G., *Dialogue*, Paris, 1930. (Collection Blanche, 16.) Imprimé aux dépens de Claude Aveline chez Albert Delayance, La Charité-sur-Loire.
2. Cf. *Roger Martin du Gard*, Bibliothèque nationale, Paris, 1981, p. 100.
3. Cf. Claude Sicard, *R.M.G. Les années d'apprentissage littéraire (1881-1910)*, H. Champion, Lille Paris, 1976, pp. 145-155.

Deux exemples : quand la jeune fille essaye de pousser le veuf à se confesser plus avant, l'auteur explique d'abord : « Mais il ne lui suffit pas d'être perspicace, elle désire être la seule », *et il continue, au cours de cette confession :* « Leurs émotions se mêlent et les environnent, les isolent, les lient. » *Quand le veuf s'aperçoit de son aveuglement, l'auteur de* Dissonance *se sent obligé d'expliquer au lecteur :* « Une brisure atroce, une chute étourdie dans le vide, un tournoyement sans fin; un cramponnement désespéré à des lambeaux qui s'effilochent... »

Tout cela manque dans Dialogue *: la description des sentiments et des émotions n'est pas moins intense, mais elle est plus discrète : à la fin, le veuf ose* « redresser la tête, et regarder, simplement, cette porte qu'elle vient de fermer [1] », *tandis que notre homme dans* Dissonance *finit avec* « un lourd tassement sur place, qui le vieillit subitement de dix ans ». *Dans* Dialogue, *les indications scéniques sont souvent mises entre parenthèses et intégrées directement dans le texte des répliques. R.M.G. souligne ainsi l'unité qui existe entre le dialogue et les émotions qu'il suscite, il n'interrompt pas cette unité avec des explications inutiles.*

Dans Dialogue, *l'auteur insiste davantage sur la différence d'âge qui existe entre la jeune fille et l'homme [2]. À la fin, quand il s'agit de penser à une nouvelle maman pour l'enfant du veuf, R.M.G. a supprimé une réplique importante de la jeune fille :* « Ça me ferait quelque chose, si vous lui donniez une autre maman que moi... » *Le lecteur de* Dissonance *aurait pu penser que la jeune fille, coquette, avait l'intention d'induire notre homme en erreur. Mais non : la faute est à lui, au veuf qui semble avoir oublié la différence d'âge si évidente. Peu s'en est fallu qu'il ne soit tombé dans le ridicule, tout comme le héros d'une comédie classique. Cela est rendu plus clair dans* Dialogue *que dans* Dissonance.

Le type du père despotique se retrouve dans presque toutes

---

1. R.M.G., *Dialogue, op. cit.,* p. 25.
2. *Ibid.,* pp. 9 à 11.

les œuvres de R.M.G. Dans Dissonance, *il est question du père de Simone qui se moque de sa fille parce qu'elle est obligée de sortir seule, n'ayant pas encore trouvé l'homme de sa vie. La jeune fille sans nom, qui est l'héroïne de ce dialogue, se plaint de son père, qui est aussi le beau-père du veuf, parce qu'il ne veut pas comprendre la situation de l'homme qui se sent isolé après la mort de sa femme. Ces deux allusions manquent dans la version de 1930. Elles n'ont aucune importance pour ce dialogue, et le lecteur de* Dissonance *se demande pourquoi l'auteur lui a donné ce détail. Évidemment, R.M.G. ne peut créer aucun personnage sans penser à l'origine de ce personnage fictif, et c'est toujours cette image d'un père autoritaire et dur qui s'impose à l'imagination de l'auteur au moment de la création. Dans* Dialogue, *R.M.G. a supprimé ce détail peu important. La version de 1930 est conçue d'une manière plus rigoureuse et arrive plus directement à son point final.*

Dialogue/Dissonance, *c'est d'abord une autre œuvre mineure de R.M.G., comme tous ses drames, comme toutes ses nouvelles. Il y a encore d'autres œuvres mineures à découvrir dans le Fonds R.M.G., des scénarios de films surtout, mais aussi une nouvelle inachevée,* Le relais fleuri. *Espérons que le public intéressé ne négligera pas complètement ces œuvres mineures, témoignant de la diversité du talent de l'auteur des* Thibault. *Une nouvelle édition des œuvres complètes de R.M.G. ne pourra pas s'en passer.*

Bernd Hagenau
(Hanovre)

DISSONANCE

Six heures du soir.

Il est seul, allongé sur la terrasse; il lit les journaux.

Quarante ans sonnés. Svelte, chauve. Une physionomie vivante : le regard jeune, amoureux de vivre; la bouche fanée, le sourire voilé, grave.

Des pas dans le jardin. Une robe blanche sur le perron.

Dix-neuf ans. La fraîcheur éclatante de l'éclosion. Un visage clair, confiant; une tendresse expansive, qui sourit inépuisablement à son propre bonheur.

Il pose son journal, sans se lever :

– Déjà?
– C'est aimable!

Il l'enveloppe d'un coup d'œil amusé et câlin :

– Tenez : c'est ça que je voulais dire, ce matin : ces mouvements de demi-coquetterie, ces reparties... Ça, c'est tout nouveau, ça n'existait pas, c'est poussé en quelques mois... C'est comme si vous aviez brusquement passé de la seizième à la vingtième année...

Elle tient sa raquette en équilibre sur un doigt, et rit.

– Ça vous déplaît?
– Encore!

Il avoue :

– Ça me déroute beaucoup...

Mais son visage animé le dément.

Elle a fait un mouvement vers la porte. Il
l'agrippe, par la première question venue :

– Et cette partie ?

– J'ai cédé ma place. Pour ne pas manquer la dînette et le
coucher de votre fille, Monsieur.

– Par exemple ! Je ne veux pas... C'est une corvée que vous
prenez trop à cœur.

– Une corvée ! Pauvre amour... Si vous voyiez ses petites
menottes crispées sur la cuillère... Et ses petits petons qui
battent la mesure pendant que je la déshabille !

Elle s'assied, pour déclarer sans façon :

– Écoutez, je peux bien vous le dire : quand j'ai su que
vous reviendriez ici cette année, j'ai tout de suite décidé que
je m'occuperais de la petite, que c'était mon devoir... Maintenant, il s'agit bien de devoir ! C'est une passion...

« Je l'adore, " notre " fille...

Elle sourit, de toute sa puissance d'amour ;
et, penchée, sans cesser de sourire, elle
confie :

– C'est-à-dire que je me demande comment je pourrais
jamais m'en passer, maintenant...

Il la regardait ; mais il sent tout à coup
que son regard d'homme se trouble. Il dé-
tourne la tête :

– Vous êtes vraiment gentille...

Elle se lève gaiement :

– Ne me remerciez pas. Je n'ai aucun mérite. D'abord, la
partie m'assommait ; je l'aurais perdue : j'étais avec Simone.

Il dit, pour la retenir :

– Simone ? Je la croyais bonne raquette ?

Elle rit, impitoyablement :

– Oui, on raconte toujours ça... C'était vrai il y a dix ans...

– Dix ans ! Ne dirait-on pas...

– Dame ! Trente ans " passés "... (depuis cinq ou six ans...)

– Vous êtes dure. Quand vous aurez son âge...

– Je ne m'imposerai plus au tennis des jeunes!

> Elle se heurte à son sourire complaisant
> mais contraint, y lit le sérieux d'un reproche;
> et son rire aussitôt s'ombre de gêne.

Doucement, il hasarde :

– C'est touchant, au contraire, ces efforts pour se survivre...
Rien n'est plus lamentable que la trentaine d'une fille, qui,
sans aucun motif, ne se marie pas...

> Elle a rougi, comme une écolière. Elle
> bredouille, vite :

– Vous avez raison. Je suis stupide. C'est d'autant plus bête
que je ne le pense pas, j'aime beaucoup Simone, je la défends
toujours.

– On l'attaque?

– Les vieux.

> Son père, sans doute. Il sourit de bonne
> grâce cette fois, complice.

– Et pourquoi?

– Est-ce que je sais? Parce qu'elle sort seule, parce qu'elle
s'offre des croisières...

> Il la regarde parler : la pulpe mobile des
> lèvres sur les dents mouillées; ce visage
> vermeil, et le contour des joues, et le galbe
> du cou, et la continuelle palpitation de ce
> corps neuf.
> Il ne peut se résoudre à rompre l'enchan-
> tement.

– Où allez-vous? Il n'est pas six heures... Et puis ma fille
peut bien attendre un peu...

– Égoïste!

– Encore un mot que vous n'auriez jamais trouvé autrefois...

> Elle hausse les épaules, ravie, consulte sa
> montre, et vient s'asseoir près de lui. Il la
> remercie en silence.
> Elle prend un ton de gronderie :

– Pourquoi restez-vous là, tout seul ? Venez au tennis.

Il répond, de primesaut :

– Je ne joue plus.

Mais il s'est mépris sur sa proposition, car elle enchaîne aussitôt :

– Vous nous regarderiez jouer. Ça vous distrairait.

Il fait signe que non.

Elle n'insiste pas; elle le regarde, comme un blessé, avec tant de naturel dans la pitié, qu'il se livre :

– Vous savez, on a des impressions, on ne peut pas raisonner... On ne peut même pas prévoir... Ainsi je croyais qu'après ces trois ans, le retour ici me serait très pénible; je m'effrayais à l'avance : l'auto à la gare, cette route que je faisais si souvent à pied avec elle, la famille sur le perron, comme autrefois... Eh bien, au contraire... Est-ce parce que vous êtes venue me chercher, seule, si gentiment? J'ai retrouvé tout, avec une espèce d'émotion douce, calme...

Elle écoute, les doigts sur les genoux.

Il poursuit :

– Mais ce coin du parc où est le tennis, c'est plus fort que moi, je ne peux pas, ça me prend à la gorge... Vous savez, son tennis a été pour quelque chose, au début de sa maladie... Et puis, ces jupes blanches sous les arbres, ces cris...

Il la fixe avec une tendresse subite, dévoilée :

– Vous me rappelez tant votre sœur, à ces moments-là...

Elle lève ses yeux, pleins de larmes.

Il s'excuse :

– Je vous attriste, c'est ridicule...

Et soudain il fuit son regard. Il a compris qu'il pensait à la vivante plus qu'à la morte, et tout autrement...

Il tressaille en sentant se poser sur sa main,

la petite main compatissante; il la soulève, comme s'il allait y mettre les lèvres; mais il la tapote, gauchement, et la laisse retomber.

Elle s'est rapprochée :

– J'aime que vous me parliez comme ça... que vous ne me traitiez plus en gamine...

Elle le devance dans l'abandon. Il se sent intimidé, tout à coup.

Elle continue, avec candeur...

– Voyez-vous, j'ai l'air comme ça... mais je me rends compte d'un tas de choses...

– Je le sais bien, je me laisse aller... Ainsi, tenez, vous allez comprendre : ce n'est plus mon chagrin qui me ronge, après ces trois ans, ce n'est plus exactement... un regret " personnel "... Vous comprenez?... Il faut être franc avec soi-même... Le temps efface, malgré tout... Ce n'est pas l'absence, non : c'est l'isolement, c'est cette vie dépareillée... »

« Je ne vous choque pas?

– Oh, non...

Avec une adresse qui n'est pas voulue, il ajoute, baissant la voix :

– Je n'ai encore dit ça à personne...

Elle le regarde très franchement, avec une pointe de fierté :

– Je l'avais deviné... Vous me croyez?

– Oui.

Il s'arrête, oppressé.

– Être seul... On ne s'y fait pas, vous savez... Encore cet hiver, il y avait des fins de journée où la solitude s'abattait sur moi, en rentrant, dès l'antichambre... J'évitais le petit salon, j'allais, par le couloir, jusqu'à la chambre de la petite... Je faisais comme vous, je l'écoutais rire, je la regardais s'endormir... Mais après, je n'avais pas le courage de dîner là, je me sauvais, n'importe où, et je revenais le plus tard possible... Un homme seul, avec un enfant et des domestiques, dans un appartement qui est comme élargi, c'est horrible, n'est-ce pas? Ça a quelque chose de hors-nature... Vous me comprenez?

> Elle s'essuie les yeux. Elle dit, avec un élan naïf :

– Oh, oui!

> Mais il ne lui suffit pas d'être perspicace, elle désire être la seule :

– ... et bien souvent, j'ai l'impression qu'ici on ne vous comprend pas, on ne vous dit pas ce qu'il faudrait vous dire...

– Vous êtes gentille.

– L'autre soir, après le dîner, quand Père vous a dit : " Que diable, il faut se faire une raison... " Et tout son discours, vous vous rappelez? Ça m'a fait mal, à crier...

– Vrai?

– Il allait et venait, gros, avec sa pipe... Oh!..

> Il ne peut s'empêcher de sourire. Mais elle jette, du fond de son cœur :

– Il y a des choses que les hommes ne comprendront jamais!

– Pas tous...

– Non, pas tous... Heureusement.

> Une pause.
>
> Il reprend, avec une angoisse où il n'y a presque plus le regret de ce qui est révolu, où il n'y a plus que du présent, et une secrète espérance qui s'élève :

– Vous sentez ce que c'est que d'avoir vécu, comme ça, à deux, toujours à deux... Toutes les pensées, tous les projets, à deux...

> Nouvelle pause.
> Elle répète :

– Je crois que je vous comprends très bien.

> Car elle aussi, ne peut s'attarder au passé; l'avenir, – le sien –, la sollicite; et elle tremble du désir d'être heureuse, à son tour,

et précisément de ce bonheur-là : à deux...

Il la contemple avec un émoi profond. Elle est si simplement aimante, si nue sous le sentiment qui l'anime, qu'elle semble l'inviter à aller plus loin, à se confesser plus avant. Leurs émotions se mêlent et les environnent, les isolent, les lient.

Il s'effraye pourtant, et se dérobe un peu :

– L'avenir me fait peur...

– Pourquoi ?

Il cherche en vain une réponse. Et il sent que l'aveu entrevu va lui échapper, va s'évanouir dans ce silence. Alors, il affirme, au hasard :

– Parce que.

Mais elle reprend avec assurance, car elle suit son idée :

– Vous avez tort.

Il simule, pour gagner du temps :

– Que voulez-vous qui m'arrive d'heureux ?

– Qui sait ?

Elle sourit.

Il se trouble tout à fait :

– Pourquoi me dites-vous ça ?

Elle hésite, inexperte à le conduire où elle veut. Il interprète à son avantage cette hésitation, ce front baissé. Et il insiste, il la ramène, défaillant, jusqu'au seuil du mystère :

– Vous savez, ce à quoi nous pensons... c'est impossible...

– Pourquoi donc ?

Ah, elle le déroute... Mais il est trop avant pour se ressaisir :

– Parce qu'une... jeune fille veut épouser un homme... jeune... un camarade...

C'est une interrogation. Elle répond, sincèrement, comme lui tout à l'heure :
– Pas toutes...

Il n'analyse plus. Il recommence, obstinément, sur place :
– Une jeune fille ?... Que ça n'effrayerait pas, un homme
de quarante ans ?... après ce deuil ?...

Mais elle n'est pas prise au dépourvu. Elle
dit, posément :
– Voyez-vous, il y a bien des jeunes filles, aujourd'hui,
auxquelles les jeunes gens font peur... Épouser un homme
fait, qui a déjà vécu, qui a souffert un peu, qui ne changera
plus, il y a là – je ne sais pas, moi... – une espèce de sécurité...

Il la presse, d'une voix alourdie :
– Vous le pensez, ce que vous dites là ?

Elle fait signe que oui.

Il s'attache, comme un noyé, à son regard
pur et sincère.

Elle explique, sans hâte :
– Oh... Pas une étrangère, naturellement... Quelqu'un qui
aurait connu ma sœur... qui pourrait s'attacher à la petite...

Elle s'interrompt. Son œil s'évade au loin.

Puis, simplement, comme un aveu limpide :
– Ça me ferait quelque chose, si vous lui donniez une
autre maman que moi...

Il se lève, haletant :
– Une jeune fille qui ne serait pas une étrangère... Une
autre maman pour...

Elle tourne vers lui un sourire adorable :
– Je ne vous dirais pas tout ça, si je n'y avais réfléchi,
longuement...

Mais elle est soudain gênée par son regard,
où couve une flamme sourde; et elle baisse
la tête.

Alors, se penchant, il lâche le mot décisif,
d'une lèvre molle :

– C'est ?...

– Simone.

Elle dit dans un souffle :

Elle est émue, autant que s'il s'agissait d'elle.

Un long silence.

Il a pâli.

Une brisure atroce; une chute étourdie, dans le vide, un tournoyement sans fin; un cramponnement désespéré à des lambeaux qui s'effilochent...

Puis un sursaut d'orgueil, un rétablissement éperdu : ne jamais, jamais laisser paraître qu'il a cru...

Il faut parler. Il trouve la force d'une grimace :

– Simone... Ce n'est pas ce que j'appelle une jeune fille...

Elle le considère avec un étonnement qui est comme un coup de grâce.

Il baisse le front, précipitamment. Il se donne l'air de réfléchir, pour rester rassemblé, – pour éviter son regard...

Elle s'est levée :

– Les hommes, décidément, sont aveugles... Vous êtes ici depuis un mois, avec elle... Et c'est moi, une gamine, qui dois vous ouvrir les yeux, à vous!

Il s'en tire par un mouvement des épaules.

Elle rit gaiement :

– Je vous laisse méditer... Six heures et demie... Vous m'avez fait manquer la dînette...

Elle glisse un dernier sourire par l'entrebâillement de la porte :

– Mais je n'ai peut-être pas perdu mon temps, tout de même ?...

Il reste seul. Il ose relever les yeux, regarder devant lui.

Pas un geste : un lourd tassement sur place,
qui le vieillit subitement de dix ans.

Études

ROGER MARTIN DU GARD
ET MAURICE MARTIN DU GARD
ou Une affection pointilleuse

Sous le signe de la méprise

Ayant su, au début de l'automne 1982, que les diverses correspondances reçues par Henry Bordeaux, remises aux Archives de la Savoie, étaient en cours de classement, j'avais demandé aux services du Conservateur – je travaillais alors à l'établissement des tomes III, IV et V de la *Correspondance générale* de Roger Martin du Gard – d'être tenu informé de la « découverte » éventuelle de lettres adressées à Henry Bordeaux par l'auteur des *Thibault*. Deux ou trois jours plus tard un coup de téléphone m'apprenait qu'on avait déjà trouvé une lettre de R.M.G. Je me précipitai. Las! Ce n'était pas une lettre de R.M.G. qu'on me présenta mais une lettre de Maurice Martin du Gard!

Méprise fort excusable, au début d'un classement bien délicat. Méprise qui eût enchanté R.M.G., et en même temps irrité sans doute. Méprise qui a marqué, jalonné l'histoire des rapports entre les deux hommes, les deux « cousins », l'auteur de *Jean Barois* et le directeur des *Nouvelles littéraires* [1].

Leurs relations sont d'abord épistolaires : Maurice Martin du Gard a vingt ans, en 1917, lorsqu'il écrit pour la première

---

1. Ils étaient cousins « issus de germains ».

fois à son « cousin », qu'il ne connaît point, mais qui, à trente-six ans, est déjà un écrivain confirmé. Ils ne se verront qu'à la fin de la guerre, en août 1919, et d'abord d'une façon imprévue, dans la rue. On peut lire le récit de cette première rencontre dans *Les mémorables* de Maurice Martin du Gard sous le titre « Soirée avec Roger Martin du Gard – 27 août [1] ».

Leurs différends, leurs différences, surgissent dès les premières lettres [2]. Ils ne sont ni ne peuvent être d'accord sur le problème de la création littéraire : « Qu'il prétende écrire sans se mettre dans ce qu'il écrit, déclare Maurice Martin du Gard, cela me surprend un peu. N'est-ce pas abuser ? » Pas plus que sur l'attitude à avoir dans la vie : « *Vous m'avez avoué vous-même que vous aimiez à plaire,* constate R.M.G. *Un bon conseil : il faut déplaire. C'est dans la mesure où vous déplairez que vous serez vraiment quelqu'un.* » Ces mots, on le conçoit, ont marqué le jeune Maurice Martin du Gard, qui aussitôt réplique : « Déplaire ? Je n'en vois pas la nécessité. »

Désaccord, et pourtant entente, échange. Des liens assez particuliers se tissent entre l'adolescent fougueux et l'homme fait, au moment où s'ouvre devant ce dernier le vaste sillon des *Thibault.* Ces liens sont ceux de l'affection, nourrie d'une réelle admiration, d'un côté, d'un bienveillant intérêt, de l'autre, mais ceux aussi d'une exigence point toujours satisfaite, pour ce qui concerne R.M.G. Ainsi s'explique le titre que nous avons choisi : « R.M.G. et Maurice Martin du Gard, ou Une affection pointilleuse ».

En 1924, réfléchissant à la nature des rapports qui se sont établis entre lui et son « cousin », R.M.G. écrit en effet :

> *Évidemment, nos relations sont étranges. Est-ce ma faute,*
> *si j'ai toujours éprouvé tant d'appréhension à m'abandonner*

---

1. *Les mémorables,* Flammarion, 1957, tome I, pp. 93-97.
2. La première lettre de R.M.G. à Maurice Martin du Gard (en réponse à une lettre de celui-ci) est du 6 avril 1917, voir *Correspondance générale,* II, p. 177 (Gallimard, 1986).

*à cette espèce d'attachement, secret et mécontent, que je
vous porte, et presque malgré moi ? Nos sensibilités sont
fort différentes* [1].

Le refus des « liens » familiaux

Dès le premier instant, dès la première lettre, R.M.G. a
mis les points sur les « i » : toute référence à des liens du
sang – sur lesquels il laisse d'ailleurs planer comme un doute
– lui semblerait de nature à tuer un lien amical accepté :

> *Cousin, si je le suis, si nous le sommes, il faut l'oublier
> bien vite, jusqu'au prochain billet de faire-part; car la
> famille, ça ne se choisit pas, ça se subit, souvent; et la
> parenté n'a rien à faire en cette aventure* [2].

Plus nettement encore, quelques mois plus tard, il martèle
les limites à respecter, les frontières choisies : le patronyme
commun n'est en rien le garant de son affection, de son
amitié :

> *Oublions le plus possible que nous portons le même nom;
> laissons à nos chers parents le soin de célébrer entre eux
> leur cousinage; réservons, si vous voulez bien, pour le jour
> de votre mariage ou pour celui de mon enterrement les
> démonstrations de nature familiale; et, sans parti pris mais
> avec la sagesse avertie de l'expérience, excluons de nos
> rapports personnels, qui en seraient vite faussés pour
> toujours, cette intrusion intempestive de notre lointaine
> consanguinité. N'êtes-vous pas consentant ? Et n'en repar-
> lons plus* [3].

1. Lettre du 18 novembre 1924 (*Cor. gén.*, III).
2. 8 avril 1917 (*Cor. gén.*, II).
3. 12 février 1918 (*Cor. gén.*, II).

Peut-on imaginer « mode d'emploi » plus net? Jamais
R.M.G. ne s'adressera à Maurice Martin du Gard, dans ses
lettres, en lui donnant du « cher cousin ». Après le « *cher
Monsieur* » des débuts, il passera très vite à « *mon cher ami* »
ou « *mon cher directeur* », rarement « *mon cher Maurice* ».
Un jour de bonne humeur il écrira « *mon cher Poète* »; un
jour de colère, vraie ou feinte, il le fustigera d'un simple
« *Monsieur* ». (« *Un roman, monsieur, c'est* une histoire; *ce
n'est pas l'Histoire. Raconter, conter une histoire, rien de
plus* [1]. ») Jamais il n'autorisera son correspondant à se prévaloir
d'un autre titre que celui d'ami.

« *N'en reparlons plus* »*!* Il tiendra parole; et Maurice Martin
du Gard aussi... jusqu'en 1937, au moment de l'attribution
du prix Nobel à R.M.G. À presque vingt ans d'intervalle la
mercuriale est alors de la même veine, la familiarité en plus :

> [...] *que votre mémoire indiscrète n'abuse pas des souvenirs
> de famille... À chaque fois ça me retourne les doigts de
> pieds!...*

> *N'y a-t-il donc rien à dire sur mes bouquins, que vous
> êtes tous enragés à vouloir parler de* moi, *de mes pipes et
> de mes savates* [2].

Et, toujours à la même occasion : *Je trouve qu'en ce
moment les Martin du Gard n'ont qu'à faire les morts; on
nous fait assez de réclame sans que nous nous en mêlions!*

La coloration familiale délibérément supprimée, demeurent
les ambiguïtés dues au patronyme commun; et elles apparaissent très tôt, dès le 30 novembre 1919 :

> *Tout le monde me parle d'un « sonnet » signé Martin
> du Gard, dans une jeune revue. Je ne voudrais pas être*

1. 9 août 1918 (*Cor. gén.,* II).
2. 19 novembre 1937.

*le dernier à le lire, et puisque des gens mal intentionnés
ou taquins m'en font compliment, j'aimerais savoir si je
dois m'en glorifier ou m'en défendre. Je vous en prie, ne
me cachez pas vos succès, j'y suis très intéressé; plus même
que je ne voudrais!*

Percevant le risque, il avait essayé de « négocier », avec le
jeune homme, une solution pour éviter de futures confu-
sions [1].

Au demeurant il faut bien relever que l'auteur des *Thibault*
ne s'est jamais dérobé aux devoirs familiaux, mais que ses
lettres n'en font que très discrètement mention, R.M.G.
cherchant toujours à ne pas se laisser emprisonner dans ce
qui pourrait être un appel aux sentiments. Ainsi saurons-
nous, presque « par la bande », qu'il a été le « témoin » de
Maurice Martin du Gard à la mairie de la rue d'Anjou, pour
son mariage, et qu'il a, de surcroît, « *joué le rôle au temple
de la rue Roquépine* ». Mais il se refuse énergiquement à être
le parrain du jeune Philippe, premier enfant de Maurice. Il
s'en explique, le 1er octobre 1924, avec sa brusquerie et son
honnêteté habituelles :

> *La fonction de parrain a un caractère religieux pour
> lequel je n'ai véritablement aucune aptitude, et j'ai peine
> à croire que vous ayez pu arrêter votre esprit sur cette
> hypothèse autrement que pendant la durée d'une commu-
> nication téléphonique. [...] Je pense que vous allez rire
> joyeusement avec moi de cette histoire baptismale!*

Maurice Martin du Gard a sans doute compris qu'il n'était
pas bon d'insister. Le voilà définitivement « éclairé ». Désor-

---

1. « *Nous avons reparlé " pseudonyme ",* écrit-il dans son *Journal* le 26 août
1919. *Il paraît enfin décidé à nous éviter les malentendus de l'avenir. Il pense
à reprendre le nom de son grand-père (et du mien) Stanislas Fondesthene. Je
l'y ai encouragé. Ce nom mat et énigmatique me plaît, et lui irait bien.* »
Il semblerait en fait que Fondesthene ou Fondesthenne soit le nom de
jeune fille de la grand-mère paternelle de Maurice Martin du Gard.

mais les liens « familiaux » seront toujours très lâches. C'est par *Les Nouvelles littéraires* que R.M.G. apprendra la naissance du deuxième fils de Maurice Martin du Gard, Jean-Paul, en 1927. De même peut-on mesurer le degré de « non-intimité » entre les deux hommes au ton de la lettre envoyée par R.M.G. pour annoncer les fiançailles de sa fille Christiane, surtout si on le compare à celui utilisé pour s'adresser à plusieurs amis chers.

Des rapports parfois laborieux

Sans doute R.M.G. transmet-il sans trop de déplaisir les requêtes qui lui sont transmises alors qu'on le prend pour le directeur des *Nouvelles littéraires,* mais il se sent par contre beaucoup moins à l'aise lorsqu'il doit transmettre des sollicitations en son nom propre, parce qu'« on » pense qu'il a de l'influence auprès de Maurice Martin du Gard. Et que dire lorsqu'il aimerait lui-même aider quelqu'un dont il pense que l'œuvre en vaut la peine! Toutes les nuances de la maladresse sont alors perceptibles. Maladresse consciente ou involontaire. L'auteur des *Thibault* sait se montrer faussement humble ou délibérément provocant. Il manie alors les précautions oratoires comme de véritables incantations : c'est toujours M. X. ou Mme Y, « *qui s'imagine que j'ai quelque crédit* », avec la variante « *ils s'imaginent que...* » ; ou encore il apostrophe : « *vous auprès de qui on me suppose gratuitement quelque crédit* ». Parfois, c'est le coup d'épingle, l'allusion aigre-douce :

> *Je ne vous ai pas demandé grand-chose, et le peu que je vous ai demandé pour d'autres, vous ne l'avez pas toujours fait* [1].

---

1. 16 octobre 1930.

Parfois même il explose, envisageant des solutions radicales, ainsi le 21 novembre 1930 :

> *Je suis hebdomadairement harcelé de lettres qui me pressent d'obtenir quelque chose de vous et de votre journal. J'ai beau en étouffer le plus grand nombre, je vous avoue que ces démarches me contrarient fort. Je n'aime pas demander, je le fais le moins possible pour moi, et ne me soucie guère de le faire pour autrui. Si cela continue, il faudra trouver une échappatoire : je n'en vois qu'une : affirmer que nous sommes brouillés... Ce serait assez amusant. Mais on n'est solidement brouillé qu'en famille. Il faudrait inventer quelque querelle d'héritage ? Nous en reparlerons.*

Pourtant, lorsqu'il a décidé de prendre en charge les intérêts de quelqu'un, il n'a cure de rien pour monter à l'assaut. Ainsi lorsqu'il souhaite intéresser Maurice Martin du Gard au sort de Pascal Copeau, le fils de Jacques, en 1933. D'où son amertume devant l'échec :

> *Vous avez plaqué le petit Copeau... Était-ce pour prendre le grand ? Et renoncez-vous vraiment à fustiger le théâtre contemporain* [1] *?*

L'humour a malgré tout toujours sa place. Pour se moquer gentiment de l'homme célèbre qu'est devenu Maurice Martin du Gard, l'homme éternellement sollicité, il écrira par exemple :

> *Les journaux relatent vos moindres déplacements. Privilège que vous partagez avec le Prince de Galles* [2].

1. 29 octobre 1933.
2. 16 septembre 1931.

Mais, avant tout, R.M.G. est un interlocuteur incommode.
Un exemple ? Le 13 janvier 1934, à Cassis, il écrit le billet
que voici :

> *Cher ami, vous ne voulez donc pas dire une bonne fois*
> *à vos collaborateurs qu'ils ne s'occupent pas de moi ?*
> *Est-ce que je m'occupe d'eux ?*
> *Votre journal est vraiment le seul où je devrais pouvoir*
> *espérer qu'on me laisse en paix...*

Ce refus de voir parler de lui dans les journaux, et
particulièrement dans *Les Nouvelles littéraires,* a dû paraître
bien excessif, voire vexant à Maurice Martin du Gard. Même
s'il connaît bien son célèbre aîné. Après tout, qui pourrait
s'étonner qu'il souhaite faire bénéficier son journal de ses
« accointances privilégiées » ! Mais les quelques « écarts » sont
vite sanctionnés : ainsi la lettre qu'il reçoit le 30 août 1926
comporte-t-elle un *nota bene* rageur :

> *À l'instant on me met sous les yeux* Les Nouvelles
> littéraires. *Encore une photo de moi ? Ils sont insupportables,*
> *à votre journal. Et quelle est cette « étude » annoncée,*
> *puisque je ne publie rien depuis trois ans ? Donnez donc*
> *comme mot d'ordre qu'on s'occupe de moi le moins possible !*

Évidemment R.M.G. connaissait les capacités d'indiscrétion
de son « cher » directeur. Passe pour l'anodin. Mais il était
des gaffes contre lesquelles il fallait bien se prémunir. Ainsi
son embarras est-il perceptible lorsqu'il prend la plume, le
11 octobre 1930 :

> *Cher ami, je vous en prie, évitez-moi dans votre journal*
> *les entrefilets comme celui qui vient de paraître sur le prix*
> *Nobel. Dans une feuille aussi lue, même à l'étranger, et*
> *qui porte en vedette le même nom que le mien, un tel écho*

*semble si facilement une manœuvre intéressée! Je vous
assure, cela me désoblige infiniment!*

Ironie du sort : quand enfin R.M.G. envisage de confier
aux *Nouvelles littéraires* un inédit des *Thibault* – nous sommes
à la fin de l'été 1936 – c'est précisément le moment où
Maurice Martin du Gard quitte le journal – départ difficile [1]!
Tout de suite il annule son « offre », ajoutant (c'est alors le
11 octobre 1936) :

> *Inutile de donner aux mauvaises langues l'occasion de
> remarquer que ma première collaboration aux* Nouvelles
> *coïncide avec votre départ!* Les Nouvelles littéraires
> *n'auront donc pas de fragment des* Thibault *: c'est pour
> moi une mutilation de moins, car je redoute toujours ces
> publications parcellaires. Alléluia!*

Bel exemple d'honnêteté et d'amitié sincère.

Le portrait indirect

À la lecture des lettres de R.M.G. se dessine une certaine
image de Maurice Martin du Gard. On ne peut parler de
portrait; mais bien des éléments, au fil d'une correspondance
qui s'étend sur près de quarante ans, concourent à faire du
directeur des *Nouvelles littéraires* un être de chair et de sang.
Car là se trouve bien le fil conducteur entre eux, là, c'est-à-
dire dans le rôle joué par Maurice Martin du Gard à la tête
du journal. R.M.G. est un lecteur fidèle, constamment intéressé mais exigeant!
La marque qu'a su donner Maurice au journal ne lui
échappe pas :

---

1. Maurice Martin du Gard dirigeait *Les Nouvelles littéraires* depuis 1923.

> *Mon cher Maurice, lui écrit-il le 22 juillet 1925, je mesure ce fond très sincère d'affection que je vous porte au plaisir que j'ai eu à recevoir des nouvelles de vous. Affection est bien le nom du sentiment tenace que j'éprouve quand je pense à vous, et que tout autre vocable, sympathie, estime, amitié, n'étiquetterait pas... C'est à votre article que je vais toujours, quand j'ouvre votre journal. Et mon affection se mesure aussi aux mouvements d'humeur qui m'assaillent lorsque vous n'y montrez pas votre meilleur. Il y en a eu d'ailleurs, ces derniers mois, d'excellents et qui m'ont enchanté. Je suis sensible à beaucoup de vos qualités, et presque indulgent à certains défauts!*

Il en arrive à trouver que le journal « baisse » lorsque son directeur est en voyage, ou interprète une interruption des articles signés de lui comme le signe qu'un livre est en préparation! Car, dit-il, « *je ne suis relié à la vie littéraire de mes contemporains que par votre journal, que je lis religieusement chaque semaine* [1] ».

Il n'est pas d'accord pour autant, et ne peut pas l'être, avec le monde du journalisme parisien tel qu'il l'entrevoit :

> Les Nouvelles littéraires *m'apportent chaque semaine une lourde bouffée de littératurisme parisien*, s'écrit-il le 16 octobre 1926. *Je la respire consciencieusement. Mais je vous plains un peu de vivre tant de mois dans cette atmosphère; il vous faut bien du courage, sans doute, et de solides poumons!*

Il lui arrive d'avoir un coup de sang quand on s'attaque à Gide, dans *Les Nouvelles littéraires*, au moment de son voyage au Congo. Alors il incrimine le directeur en même temps que le journal. La véhémence du ton s'explique probablement,

1. 25 avril 1928.

pour une bonne part, par le commun... patronyme [1]. Quelle volée de bois vert! Une vraie leçon de déontologie [2]...

Lorsqu'il essaie d'analyser ses réactions devant les initiatives, les idées ou le comportement de Maurice Martin du Gard, le mot qui revient le plus souvent sous sa plume c'est celui de « *différences* », différences qu'il se plaît à souligner, dessinant de lui-même comme un portrait en creux.

Et il est bien vrai qu'ils se situent à l'opposé l'un de l'autre! Autant Maurice Martin du Gard est urbain, disert, à son aise dans tous les cercles, autant R.M.G. peut apparaître comme un misanthrope se protégeant de tout :

> *J'en arrive à souhaiter*, écrit-il le 22 juillet 1925, *des complications au Mexique, pour que l'Amérique ait à s'occuper d'autre chose que de mon âge ou de mon tour de poitrine.*

Il avoue sèchement ne pas comprendre l'attitude de Maurice Martin du Gard :

1. Un semblable incident, en mai 1941, montre que c'est bien en effet le patronyme qui est en cause. R.M.G. écrit alors : « *Libre à vous, certes, de ne pas partager l'opinion de Gide sur le dernier livre de Jacques Chardonne. Moi-même, je ne souscris pas sans réserve à son jugement. Mais votre article est plein d'inexactitudes et d'insinuations perfides; qu'il soit signé de notre nom m'affecte tout particulièrement.* »
Notons d'ailleurs que la relation faite à Gide par R.M.G. de l'article des *Nouvelles littéraires* et de sa réaction sera beaucoup plus mesurée.
2. « *Je viens d'ouvrir le dernier numéro des* Nouvelles littéraires, *s'écrie-t-il le 25 octobre 1926, et d'y lire en deuxième page, l'entrefilet relatif à la " négrophilie " de Gide. Je suis ici loin de tout écho, et j'ignore le retentissement que peut avoir à Paris cette petite vilenie de presse. Pour moi – dussé-je vous sembler bien naïvement " avant-guerre " – je vous avoue que cette sorte de croc-en-jambe perfide me paraît de la pire bassesse et suffit à déshonorer pour longtemps un journal. Il ne me vient pas un instant à l'idée, mon cher ami, que vous ayez lu ces lignes et que vous les ayez laissé paraître. Mais je vous rends néanmoins responsable. Et que me répondrez-vous ? Que vous êtes débordé ? Que le directeur ne peut veiller à tout ? Ou bien qu'on vous a forcé la main ? Mauvaises raisons. S'il en est ainsi, retirez-vous, et ne couvrez pas de votre pavillon une marchandise falsifiée. À mes yeux, il est inadmissible qu'un journal qui porte votre nom puisse ne pas inspirer l'estime et le respect.* »

> *Que vous ayez pu supporter, pendant plusieurs semaines,*
> *votre sourire 18 × 24 à la devanture du boulevard Raspail,*
> *et que vous ayez consenti à y étaler deux feuilles de votre*
> *manuscrit, comme si vous vous sentiez un maître dont la*
> *moindre rature est lourde de signification, – cela m'exaspère,*
> *cela m'atteint très profondément, cela me soulève tout entier*
> *contre vous, cela me fait souffrir avec une cuisante amer-*
> *tume du sentiment que j'ai pour vous* [1] *!*

Le reproche est assez dur et peut paraître assez peu justifié. Il ne s'explique que si l'on se rappelle le peu de goût de R.M.G. pour tout ce qui pourrait passer pour une quelconque exhibition [2].

Exigeant, incommode R.M.G. ! Pourtant quel éloge indirect au journaliste, dont il a si souvent souligné l'action positive à la tête des *Nouvelles littéraires*, lorsque, de Rome et au moment où Maurice Martin du Gard vient d'abandonner la direction du journal, il lui écrit :

> *De Rome, où « elles » sont, chaque dimanche, à tous les*
> *kiosques.*

1. 18 novembre 1924 (*Cor. gén.*, III).
2. D'où sa phobie des photos et de l'usage qu'on en pourrait faire : ce passage d'une lettre du 25 avril 1928 est particulièrement révélateur : « *Il y a, quelque part, dans les archives des* Nouvelles littéraires, *un cliché de moi, en foulard et chapeau, dont je n'ai jamais bien su la provenance et dont l'image m'est proprement* intolérable *! (À vous aussi, je veux l'espérer...) Je sais qu'il n'est pas facile d'extirper ce genre de document des dossiers d'un journal. Mais au Directeur,* tout est possible. *Et vous ne me refuserez pas cette... extraction? Je vous prie instamment de prendre cette requête au sérieux, quoi que vous en puissiez penser en votre for intérieur. C'est très sérieusement que je m'adresse à vous. Et, n'ayant pas l'habitude de demander, cette démarche me coûte plus que vous ne supposez. (À telle fin que j'ai remis de la faire, depuis deux ou trois ans!)*
Rendez-moi le repos en m'expédiant tout ce que vous avez au journal, comme portrait de moi. J'en ferai un grand feu sur ma terrasse, et je danserai pour vous, tout autour, le pas de la reconnaissance! »
On se rappelle qu'au moment de l'attribution du prix Nobel, en 1937, c'est une photo de Maurice Martin du Gard que certains journaux d'abord publieront – ce qui amusera l'auteur des *Thibault*. Méprise, encore une fois, et preuve que les dossiers de presse n'étaient pas très fournis sur R.M.G.

Vous êtes bien vengé! « *Elles* » *sont, ou bien peu s'en faut, devenues illisibles* [1] !

Notons enfin que, si le débat entre eux demeure toujours courtois, les différences s'accusent, au fil des ans, sur le plan des idées, des prises de position. Ainsi, à propos de Mussolini, ou du Manifeste des intellectuels en 1935, R.M.G. remarque :

> *Chacun est libre. Mais j'aimerais mieux vous voir du côté de Jules Romains, en ce moment, que du côté d'Henry Bordeaux, de René Benjamin, de Massis et de Daudet* [2] *!!*

De même, au moment de l'armistice, à propos de Vichy. R.M.G. exprime alors sa surprise devant l'évolution de Maurice Martin du Gard :

> *Il est vrai, après nos conversations de juillet et les sarcasmes amusants que vous inspirait alors le « Gouvernement Provisoire », que je suis, pour ma part, étonné de votre revirement. Mais ceci est votre affaire. Du moins avez-vous le courage d'afficher sans réticences votre ralliement, ce qui est louable. En tout cas, cela ne regarde que vous* [3].

Quelques mois plus tard il éprouve le besoin de faire comme un bilan, serein et lucide. Portrait indirect, là encore, mais de lui cette fois. Un long passage mérite d'être cité, de la lettre écrite de Nice le 9 juin 1941, car on y retrouve à la fois évoqué le risque de méprises, si souvent souligné à propos des relations entre les deux hommes, et rappelé tout ce qui fait l'art de vivre de R.M.G. :

1. 11 janvier 1937.
2. 4 octobre 1935.
3. 12 décembre 1940.

Vous et moi, depuis la défaite, nous avons, je ne dis pas et n'ai jamais dit deux opinions opposées, mais deux « comportements » différents : vous faites beaucoup parler de vous, tandis que je me tais avec obstination. Ceci étant, n'ai-je pas le droit de marquer que votre activité ne doit pas m'être attribuée par erreur, comme il est arrivé trop souvent ces derniers mois ? Cette mise au point doit-elle paraître une prise de position contre vous ? C'est absurde [1]. Curieux, à quel point les gens sont enragés à vouloir qu'on prenne parti ! Si l'on se tait, ils prétendent savoir mieux que vous ce que vous pensez ! Si, au moins, ils m'aidaient par là à voir plus clair... Mais c'est tout le contraire, plutôt.

Peu importe, d'ailleurs, qu'on se méprenne sur l'incertitude de mes méditations solitaires. J'en ai l'habitude. Dans les conversations à pente politique, que pourtant j'évite avec soin, je me fais traiter tour à tour d'opportuniste germanophile ou d'anglomane rétrograde, selon que je cède à la tentation de relever les exagérations partisanes, voire les absurdités, de l'un ou de l'autre clan. Je ne m'en étonne pas, si je m'en irrite un peu. Comme dans toutes les époques troubles – et troublées – le doute est la seule attitude de pensée qui rallie infailliblement l'hostilité générale. – Et ceci n'est pas la moindre épreuve de ce temps !

De son œuvre, en tout cas, il ne parle que peu, ou d'une façon presque toujours banale, évoquant la parution d'un

---

1. Quelques jours auparavant, le 31 mai, avait paru, dans *Le Figaro*, un entrefilet ainsi libellé :
« À chacun son domaine.
Un de nos confrères de Nice a publié la note que voici :
À plusieurs reprises la presse a eu l'occasion de citer le nom de M. Martin du Gard.
M. Roger Martin du Gard, auteur des *Thibault,* qui habite Nice, nous prie de faire savoir qu'il n'a manifesté aucune activité littéraire ou journalistique depuis plus d'un an, qu'il n'a point l'intention de sortir de sa retraite et qu'il s'agit, en l'occurrence, de M. Maurice Martin du Gard, ancien directeur des *Nouvelles littéraires* résidant à Vichy. »

volume, les difficultés rencontrées pour travailler ou les joies d'une période féconde. Si parfois il accepte d'aborder les thèmes qui lui semblent importants, essentiels même, le rôle qu'il convient de donner à l'actualité dans la création littéraire ou les possibilités d'enrichissement réciproque des divers modes d'expression [1], cela ne l'empêche pas de réagir très vivement lorsqu'on s'intéresse de trop près à son œuvre, d'une façon qui lui semble indiscrète. Ce n'est pas le directeur des *Nouvelles littéraires* qui sera le mieux renseigné sur ce qu'on appellera plus tard la « rupture » du plan des *Thibault*! Foin de la commisération! Si tourment il y a eu, la confidence n'en saurait être livrée à qui risque de s'en faire trop abondamment l'écho. On a laissé entendre que, peut-être... suggère Maurice Martin du Gard, prudemment. Il n'en est rien, c'est absurde, rétorque l'auteur, colmatant à tout jamais la brèche possible :

> *Que me chantez-vous avec la fin des* Thibault*? Si j'ai « le droit » ou pas « le droit de... »? Mais vous parlez comme monsieur Raymond Poincaré!! J'ai deux ou trois volumes encore, pour finir tranquillement ma course, ou leur courbe, si vous préférez. Pourquoi imaginer aussitôt je ne sais quel bâclage, quelle faillite? Ayez plus de confiance. Je ne suis pas à bout de souffle. Mais je suis comme le scaphandrier qui sent l'air se raréfier dans sa coque; qui a le bon sens de comprendre que s'il veut achever sa tâche sans crever dans les profondeurs, il doit limiter*

1. Ainsi le 30 novembre 1919 : « *J'espérais vous voir samedi à la Conférence de Copeau. Vous avez manqué à nouveau une belle occasion de comprendre quelque chose de neuf, de grand, qui naît, et sur laquelle les rumeurs de la mode vous renseigneront mal. Mieux vaudrait venir se documenter à la source! J'aurais aimé vous compter parmi les fidèles du début. C'est en ce moment qu'il y a quelque mérite à distinguer ce que cela vaut et à donner une adhésion active. Dans deux ans ce sera un truisme de dire que Copeau est le génie dramatique de notre temps.* » Ainsi encore, le 21 novembre 1930 : « *Pour ce qui est de l'intérêt que je prends au cinéma, vous êtes bien renseigné. Il est vif. Si j'avais vingt-cinq ans, je crois que je me consacrerais à l'écran. J'y vois un moyen de réaliser ce que je cherche à faire par le roman.* »

cette tâche et la proportionner au cube d'air qui lui reste;
et qui préfère remonter à la surface, pour ensuite pouvoir
faire d'autres plongées, plutôt que de s'entêter usque ad
mortem à rester sous sa cloche. Qu'on me laisse faire, qu'on
ne bavarde pas tant à mon sujet, et tout ira bien : du
moins dans le sens où je crois devoir aller. Amen [1].

Incommode R.M.G.! Mais était-il possible de lui en vouloir? Remarquons qu'en 1957, dans *Les mémorables,* Maurice Martin du Gard, après quarante ans, ne reniait pas le souvenir qu'il avait gardé de leur première rencontre, prenant même un visible plaisir à faire revivre quelques-unes de ses impressions. Laissons-lui la parole pour finir :

> Il plaisantait, j'imagine, car, naturellement aimable, il me disait cela avec beaucoup de charme, et l'aurais-je tellement choqué en ajoutant : un charme ecclésiastique? Vaste chanoine laïque avec un peu de ventre et ce double menton, sectaire doux, toujours bien abrité.

Jean-Claude Airal
(Université de Savoie)

NOTE

Cet article, on l'aura constaté, s'appuie sur les seules lettres adressées par R.M.G. à Maurice Martin du Gard, lettres déjà parues ou à paraître.

1. 25 mars 1932.

ACTUALITÉ DE MAUMORT

À première vue, la lecture de l'œuvre posthume de Roger Martin du Gard *Le lieutenant-colonel de Maumort* peut sembler ne rien apporter de bien nouveau : c'est, une fois de plus, la vie d'un homme de sa naissance jusqu'à sa mort que Roger Martin du Gard entreprend de nous raconter, suivant l'ordre chronologique traditionnel auquel décidément il n'a jamais su échapper [1]. Cet homme écrit ses Mémoires en 1940 ou 1945, selon la version, et il nous parle le plus souvent d'une jeunesse et d'une éducation qui remontent à la fin du siècle précédent. Rien de nouveau, rien qui puisse intéresser le lecteur des années 80, éveiller sa curiosité ?

Si l'on étudie plus attentivement cette dernière œuvre, si l'on se réfère en plus aux manuscrits de la Bibliothèque nationale, on se rend compte pourtant que n'en sont absentes ni les recherches formelles ni l'originalité de la pensée. C'est ce que nous voudrions prouver à partir d'un sujet précis et en nous appuyant sur le texte même de Roger Martin du Gard ainsi que sur ses notes préparatoires.

Jamais aucune époque n'a été aussi riche en témoignages personnels donnés sur eux-mêmes par des hommes connus du public, et en particulier des écrivains et des artistes, que

---

1. *Le lieutenant-colonel de Maumort,* édition établie par André Daspre, Bibliothèque de la Pléiade, Gallimard, 1983.

ce soit sous la forme de journaux ou d'autobiographies. Maria Casarès et Simone Signoret, Jean-Paul Sartre et Simone de Beauvoir écrivent leurs Mémoires, s'attachent à faire revivre une époque révolue et surtout tentent, au fil du récit, de mieux cerner leur personnalité. Ce faisant, ils se dédoublent inévitablement : ils sont à la fois le *narrateur,* celui qui raconte l'histoire, et le *héros principal,* celui qui a vécu cette même histoire. Une telle situation est bien évidemment riche de possibilités, tant sur le plan littéraire que dans le domaine psychologique. Le narrateur essaye, avec plus ou moins de succès selon les moments, de retrouver l'image, les sentiments, les pensées profondes du héros. Incontestablement, cette quête obstinée de son identité par l'écrivain passionne aujourd'hui à la fois les auteurs, la critique littéraire et le public.

Or c'est bien à un dédoublement de ce type que nous assistons dans l'œuvre posthume de Roger Martin du Gard. Comme tout mémorialiste, Bertrand de Maumort est à la fois le narrateur et le héros de l'histoire. Il en est d'ailleurs pleinement conscient : « Je *retourne donc au point où je m'étais quitté l'autre jour* [1]. » L'auteur aussi, dirais-je. Car il ne s'agit pas ici, rappelons-le, d'une autobiographie authentique. Roger Martin du Gard imagine un lieutenant-colonel à la retraite qui écrit ses Mémoires. Il sera d'autant plus intéressant de voir quels types de rapport le romancier aura laissé s'instaurer entre le narrateur et le héros.

Le recul du narrateur par rapport au héros, le temps qui s'est écoulé et l'expérience acquise lui permettent souvent de mieux saisir les évolutions du héros et le développement de sa personnalité. Le récit est alors interrompu par les remarques du narrateur qui éclairent le lecteur : « *Je noterai en passant qu'un des premiers effets de la présence de Guy a été d'éveiller en moi une notion qui m'était totalement étrangère : celle de la coquetterie ; jusque-là, je n'avais que celle de la propreté* [2]. »

---

1. *Ibid.,* p. 52.
2. *Ibid.,* p. 91. Nous ne citons que le début. En fait, l'intervention du narrateur est plus longue et mise entre parenthèses.

Parfois même, le lieutenant-colonel de Maumort utilise ce procédé que Gérard Genette appelle une prolepse [1] et met au service de sa découverte du héros et de son entourage la connaissance qu'il a de leur futur : « *Je m'aperçois que j'anticipe encore. Mais tant pis. Il m'est impossible de parler de Xavier en faisant abstraction de tout ce que j'ai su de lui ensuite et qu'explique si bien l'être étrange qu'il était : un inquiet dans toute la force médicale du terme* [2]. »

Cependant, notre mémorialiste n'est pas toujours ce personnage, sinon omniscient, du moins très compétent, susceptible de juger les êtres et d'expliquer leur comportement. Il se pose souvent des questions. Racontant son séjour chez le ménage Nacquot dont le mari lui fait préparer le baccalauréat, et développant l'idylle involontaire qui se noue entre la femme du professeur et lui-même, Bertrand se demande : « *Qu'est-ce que j'éprouvais dans toute cette affaire? Et elle? Oui, qu'éprouvions-nous* [3] *?* » Les réponses qu'il tente d'apporter à ces questions sont souvent introduites par le verbe *croire,* mettant en relief les doutes du narrateur. Dans ses notes préparatoires, Roger Martin du Gard prévoyait d'ailleurs une analyse assez complète du héros dans cet épisode où l'adolescent refuse l'amour que lui propose l'épouse du professeur : « *À propos du refus, du retrait devant Mᵐᵉ Nacquot, Maumort sera amené à toute une analyse de ce qui est chez lui le jeu du désir, un retour en arrière, et il fera d'étranges constatations* [4]. » Paradoxalement, cette analyse devait se terminer par un constat d'impuissance : « *Il n'explique pas. Il n'essaye même pas d'expliquer. Il dira : " Voilà comme je suis! Comprenne qui pourra. Brûlant, inflammable à la moindre rencontre. Frigide et paralysé, et même rebuté dès qu'il s'agit d'une relation. "* » La nature humaine est bien trop complexe

---

1. G. Genette, *Figures,* III, Éditions du Seuil, 1972.
2. Manuscrits B.N., vol. 7, f. 111.
3. *Maumort, op. cit.,* p. 258.
4. Manuscrits B.N., vol. 10, f. 38.

pour être saisie facilement et complètement par l'analyse, si rigoureuse et si objective qu'elle soit.

Cette double position du narrateur, tantôt sûr de lui, tantôt hésitant et saisi par le doute, se retrouve dans son effort pour reconstituer le passé. En de nombreuses occasions, les souvenirs affluent facilement à sa mémoire. Dans le passage suivant par exemple, Maumort évoque la sensibilité de son jeune cousin; il retrouve avec aisance le cadre extérieur et les réactions intimes :

> *Je me souviens de nos longues promenades, de la vivacité de ses propos, de son émotion devant les beautés de la nature, la pénombre des sous-bois, de l'émotion religieuse qui s'emparait de lui quand nous pénétrions ensemble sous les hautes futaies de la forêt, la poésie instinctive qui l'exaltait, les soirs d'été, devant le spectacle du couchant si féerique... c'est lui qui m'entraînait à ce spectacle grandiose et mystérieux. Et je sens encore son petit bras passé autour de ma taille et les cent pas que nous faisions ainsi enlacés à l'extrémité de la terrasse, dominant tout le pays sur lequel descendait la nuit et j'entends le murmure de sa voix qui se faisait basse et confidentielle, le regard* [1] *trop brillant et le sourire en suspens qu'il tournait vers moi dans la pénombre et le désespoir qui le saisissait quand l'appel de mon père ou d'Henriette nous obligeait à rentrer nous coucher* [2].

Les années passées n'ont effacé ni le souvenir du paysage ni celui des moindres gestes ou des plus légères inflexions de la voix. Comme nous l'avons déjà écrit, le recul du narrateur permet même à Bertrand de Maumort de compléter cette reconstitution du passé par les découvertes de l'expérience : « *Il me semble aujourd'hui que mon père se forçait un*

---

1. « J'entends... le regard. » *Sic* dans le manuscrit. R.M.G. aurait certainement corrigé cette expression illogique.
2. Manuscrits B.N., vol. 7, f. 67-68.

peu pour lui témoigner de l'affection [1]. » Les réticences du père de Bertrand à l'égard du jeune cousin, que l'adolescent inexpérimenté n'avait pas perçues, n'échappent pas au vieil homme qui se souvient.

Mais souvent aussi le narrateur est beaucoup moins sûr de lui quand il s'agit de retrouver le moment précis où le héros éprouve un sentiment ou fait une découverte. Racontant les charmantes attentions du professeur Nacquot pour sa femme et le petit déjeuner monté chaque matin dans la chambre de l'épouse, Maumort écrit :

> *Si averti, et si peu prude que je fusse, j'étais encore à l'âge où l'on ne saurait supposer que les jeux de l'amour ne sont pas l'apanage exclusif de la jeunesse et qu'entre la soixantaine d'un professeur à favoris grisonnants et la quarantaine de son épouse, − fût-elle encore aussi sémillante que Mme Nacquot − il pût y avoir autre chose que les affectueuses et paisibles habitudes de la cohabitation. Ce n'est qu'à la longue que certaines suppositions me traversèrent l'esprit. À vrai dire, je n'en suis pas très sûr. Il est possible que mes soupçons ne se soient précisés que plus tard [2].*

Incertitude naturelle de la mémoire que nous avons tous éprouvée. À partir du moment où l'on possède une information, on finit par ne plus savoir depuis quand on en est détenteur et on a tendance à en repousser l'acquisition trop loin dans le passé. Ce qui était un avantage peut devenir un inconvénient, voire même un obstacle. La position en recul du narrateur par rapport au héros, la connaissance qu'il a des événements postérieurs à l'époque racontée lui permettent, nous l'avons vu, de mieux comprendre le comportement des personnages. Elles peuvent aussi fausser la perspective et

1. *Ibid.*
2. *Maumort, op. cit.,* p. 232.

l'empêcher de retrouver le passé tel qu'il était. Maumort sent ce danger quand il écrit :

> *Xavier de Balcourt... En écrivant ce nom qui devait me devenir si familier, les souvenirs m'assaillent... je reviendrai abondamment sur tout cela. Aujourd'hui, je voudrais oublier tout ce que je sais de ce personnage étrange – l'un des plus touchants, des plus pittoresques, des plus pathétiques que j'aie fréquentés – pour me remettre dans la peau de l'écolier que j'étais, en ce début d'octobre 82, quand, de la fenêtre où nous étions postés, Guy et moi, nous avons vu le cabriolet conduit par Gaspard, faire son entrée dans la cour et notre « précepteur » sauter lestement sur le perron* [1].

Roger Martin du Gard avait dû penser très tôt à ce problème, comme en témoigne ce texte de Jean-Richard Bloch recopié dans les notes préparatoires : « Penser un événement passé est toujours déformer. C'est lui donner ce qui précisément lui manquait : la connaissance de l'issue qu'il allait avoir. En cette incertitude de l'issue réside la différence essentielle entre le présent et le passé, la vie et le souvenir [2]. »

En fait, pour reconstituer le passé et retrouver son identité, le narrateur hésite sans cesse entre deux positions : le recul, l'éloignement, ou bien la communion, la fusion complète avec le héros. Il arrive même que dans un seul épisode nous ayons affaire tantôt au héros, tantôt au narrateur. Dans le passage qui suit, nous notons par H la présence du héros et par NA celle du narrateur.

> <u>*Je ne serais pas surpris*</u> *si quelque témoin de cette vie à*
>   NA
> *notre époque, plus averti, venait* <u>*m'affirmer aujourd'hui*</u>
>   NA

---

1. *Ibid*, p. 137.
2. Manuscrits B.N., vol. 1, f. 81.

*que les rapports de Xavier et de Guy furent changés dès
ce jour-là. Mais ce n'est qu'une <u>déduction rétrospective.</u>*
NA
<u>Sur le moment, je ne m'aperçus de rien.</u> Mais il ne
H
<u>m'échappa pas</u> que les gentillesses de Guy se multi-
H
*pliaient et que Xavier y répondait par une indulgence et
une complaisance très accrues. <u>Mais je n'établis pas de lien
entre cette constatation et la scène du peignoir.</u>*
H
<u>Ce lien existait,</u> il n'y a aucun doute. C'est ainsi que
NA
<u>je m'explique</u> certains de leurs agissements qui <u>m'ont certai-</u>
NA   H
*nement frappé mais auxquels <u>je ne donnais pas alors</u> leur
caractère réel de <u>perversité</u>* [1].   H
NA

Mais qu'il y ait tentative de fusion ou volonté de recul,
nous avons toujours jusqu'ici constaté la double présence d'un
héros et d'un narrateur. Ce n'est plus le cas quand Maumort
réfléchit sur les pages qu'il veut écrire et sur sa motivation :

> *La solution que j'avais envisagée pour atténuer mon
> regret de la perte du journal continue à me séduire. La
> voici : Comme il arrive dans une conversation entre amis
> d'être amené sans dessein prémédité à faire une incursion
> dans le passé et à mêler aux propos du jour une confidence
> improvisée ou le récit d'une histoire d'autrefois, je pourrais,
> au hasard d'une association d'idées ou d'une rêverie, sans
> motif, pour le plaisir de raconter, insérer tel ou tel souvenir
> personnel, tel ou tel épisode de ma vie dont j'avais, par*

---

1. Manuscrits B.N., vol. 7, f. 137. Maumort réfléchit sur les rapports de
plus en plus tendres qui s'établissent entre Guy et Xavier, le précepteur,
dont on apprendra ensuite les tendances homosexuelles.

occasion, l'esprit occupé ce jour-là. Si ma santé m'accordait
quelques années pour réaliser, à temps perdu, ce dessein,
j'aurais, avant de mourir, la consolation d'avoir sauvé de
l'oubli un certain nombre de petits événements qui se
trouvaient conservés dans mon journal et que la flamme
de la chaudière a replongés dans le néant. Non pas que je
m'exagère l'intérêt de ce que je puis repêcher dans mes
souvenirs, ni que j'attribue des qualités particulières à
l'observateur. Mais je crois assez à la valeur de tout
témoignage quel qu'il soit [1].

Le héros est alors le narrateur lui-même. Comme l'écrit
Bernard Alluin : « À l'histoire du passé s'ajoute une histoire
de l'écriture de ce passé [2]. » Roger Martin du Gard avait
d'ailleurs imaginé pour Maumort toute une série de situations
assez complexes qui devaient conduire le lieutenant-colonel
à une réflexion au second degré sur l'écriture. En voici une,
parmi tant d'autres possibilités auxquelles l'auteur avait songé :
« *Le journal* [3] *n'est pas complètement détruit mais en partie*
illisible. Maumort en donnera des extraits de temps à autre. Ce
qui permettra de marquer la différence de jugement entre ce
qui a été écrit à chaud, au moment des événements, et ce que
Maumort en dit lorsqu'il écrit ses Mémoires [4]. » Il faut noter
ici que Roger Martin du Gard n'a pas toujours eu l'intention
de suivre l'ordre chronologique. Maumort veut au contraire
insérer dans les pages qu'il écrit « *tel ou tel épisode de [sa]*
vie dont [il] aurait par occasion l'esprit occupé ce jour-là. » Il
racontera donc les événements de sa vie en fonction de sa
situation actuelle de narrateur. Le passé sera revécu dans le
présent.

Au lieu de nous trouver en présence d'un roman naturaliste

1. Manuscrits B.N., vol. 5, f. 210-211.
2. Bernard Alluin, *Roger Martin du Gard romancier*. Thèse d'État, Lille,
1986.
3. Il s'agit bien sûr du journal de Maumort.
4. Manuscrits B.N., vol. 5, f. 204.

traditionnel et dépassé, nous constatons avec surprise que *Le lieutenant-colonel de Maumort*, œuvre posthume écrite entre 1941 et 1959 par un romancier né en 1881, témoigne de préoccupations éminemment actuelles. La réflexion de Maumort sur l'acte d'écrire n'est pas sans faire songer aux tentatives du nouveau roman. La comparaison recherchée entre la vision du mémorialiste et celle du diariste, le double mouvement de recul et de fusion du narrateur par rapport au héros mettent en relief la complexité de la nature humaine et la variation infinie des points de vue qu'un même individu est conduit à adopter dans son existence. Il y a des pages étonnantes, dans cette œuvre, où Maumort s'interroge sur la personne à qui il s'adresse quand il écrit ses Mémoires :

La question que je me pose maintenant est celle-ci : suis-je absolument certain, lorsque j'écris, de n'écrire que pour moi ?... Si vraiment mon unique objet était de fixer ces souvenirs pour moi seul, prendrais-je la peine de relater par le menu, avec tant d'application, des événements que je me rappelle fort bien et dont j'ai seulement la crainte d'oublier certains détails ?... je pense tout à coup à ceci qui n'est pas sans rapport avec la question. Depuis ces dernières années, je me surprends à parler seul, à mi-voix... ces paroles, à qui sont-elles destinées ? À moi-même en général, comme des apartés de théâtre. Mais souvent aussi à un « autre », un étranger. Vague confident sans visage, sans personnalité et néanmoins distinct comme un interlocuteur : au point qu'il m'arrive de prévoir, d'entendre presque ses objections et d'amorcer entre lui et moi une espèce de dialogue.

Lorsque je suis devant la page blanche, ce qui se passe alors ne serait-il pas du même ordre ? Il est possible que je m'adresse tantôt à moi tantôt à un autre [1].

1. *Ibid.*, f. 300-305. Nous n'avons cité que des extraits. L'ensemble est très intéressant.

Manifestement, Roger Martin du Gard ne se serait pas contenté d'un récit linéaire s'il avait pu achever son œuvre. Il voulait, au contraire, se livrer, à travers les diverses solutions techniques envisagées, à de passionnantes investigations psychologiques. Tantôt il imagine que le journal de Maumort est emporté par les Allemands lors de l'occupation de sa propriété du Saillant, tantôt il prévoit sa destruction totale ou partielle par le feu ou par l'humidité de la cachette destinée à le dérober à la curiosité des occupants, mais dans tous les cas il s'agit d'un homme qui, à la première personne, tente de cerner sa personnalité.

Jean Rousset [1] écrit : « L'exploration de soi par soi, saisie du moi et de l'autre, activité de la mémoire dans le récit rétrospectif, rencontre du narcissisme et de l'autobiographie, notre roman moderne, comme celui du XVIIIᵉ, est dans une très large mesure un roman de la première personne. » À ce niveau au moins, *Le lieutenant-colonel de Maumort* est une œuvre moderne, actuelle.

Il restera à montrer (ce pourra être le sujet d'un prochain article ou d'une étude plus approfondie) que l'actualité de *Maumort* ne se limite pas aux relations entre le héros et le narrateur. Georges Jean [2] déclare : « Ce qui distingue les grands romanciers réalistes d'entre les deux guerres de ceux que nous venons d'évoquer [3] est que, dans les meilleurs cas, celui de Roger Martin du Gard par exemple, le discours romanesque n'est sûr de rien du tout et surtout pas de lui-même. Le point de vue de Martin du Gard sur ses personnages est tellement inquiet qu'on sent sous cette prose robuste et musclée une extraordinaire fêlure. » Nous ne suivrons pas Georges Jean dans ses conclusions quand il explique l'inachèvement de Maumort par « l'impossibilité pour le romancier de croire à son discours romanesque », mais nous voudrions retenir de son étude cette idée de l'inquiétude du romancier.

1. Jean Rousset, *Narcisse romancier,* José Corti, 1973.
2. Georges Jean, *Le roman,* Éditions du Seuil, 1971.
3. À savoir, les romanciers réalistes du XIXᵉ siècle, Balzac notamment.

Inquiet, Roger Martin du Gard le fut toute sa vie, au sens étymologique du terme, sans repos, se remettant toujours en question. Depuis le roman dialogué de *Jean Barois* jusqu'à la réflexion de Maumort sur le passé et le fonctionnement de la mémoire, il n'a jamais cessé de vouloir enrichir sa pensée et améliorer la forme qu'il mettait à son service.

Cette inquiétude et cette recherche permanentes, dont la correspondance générale nous offre un écho passionnant, assurent, au-delà de son œuvre posthume, l'actualité de Roger Martin du Gard.

André Alessandri

LA STRUCTURE DU JOURNAL
D'ANTOINE

Il y a quelque paradoxe à s'interroger sur la structure d'un journal intime : quoi de plus libre et de plus divers en effet qu'un texte écrit au jour le jour ? Un homme jette sur le papier, à intervalles à peu près réguliers, ce qui lui vient à l'esprit : menus incidents de la journée, conversations avec des amis, réactions à des lectures, souvenirs du passé, etc. Le romancier qui adopte cette forme narrative se doit donc, en tenant la plume de son personnage, de respecter cette allure non concertée qui est la marque de ce type de texte. Mais il ne peut perdre de vue que c'est un journal fictif qu'il écrit ; et l'absence d'organisation que le lecteur met au compte de l'authenticité lorsqu'il s'agit d'un vrai journal intime, serait tenue pour une maladresse ou une facilité dans le cas d'un récit inventé. Donner une structure à un texte qui doit paraître ne pas en avoir, telle semble être l'une des préoccupations de Martin du Gard dans le « journal d'Antoine ». On voudrait ici proposer quelques pistes d'étude à ce sujet.

1. *La dernière pierre de l'édifice*

Le journal d'Antoine a d'abord une fonction dans la structure générale de l'œuvre. Dernier chapitre de la somme romanesque, il comporte, en certaines de ses parties, le rappel de scènes dont le lecteur des *Thibault* a gardé le souvenir : trouvent ici un écho l'arrivée de Jacques chez Antoine dans *Le pénitencier*, la méditation scandée par « au nom de quoi » dans *La consultation*, la chanson du père Thibault agonisant dans *La mort du père*, etc. Antoine évoque également dans son carnet divers personnages de l'œuvre : défileront ainsi, au gré des caprices de sa mémoire, les figures de Jacques, d'Oscar, de Studler, de Jousselin, de Rachel, de Loulou, de Clotilde, de Mademoiselle de Waize, du docteur Philip, du jeune Roy. Plusieurs épisodes et divers personnages des divers tomes des *Thibault* participent ainsi à une forme d'orchestration finale ; objets de la méditation d'un héros qui les juge avec le recul du temps et avec la distance que confère l'approche de la mort, ils prennent ici un sens et un relief nouveaux. Par ce rappel et cette mise en perspective de certains motifs, le journal joue un rôle structural de point d'aboutissement de la somme romanesque [1].

Le carnet d'Antoine constitue aussi, sur le plan narratif, le terme de la geste familiale. Il nous fait assister à l'agonie du héros, comme l'avaient fait le récit de *La mort du père* pour Oscar Thibault et celui de *L'été 1914* pour Jacques. Il ponctue ainsi la troisième partie de l'œuvre dont les deux premières s'achevaient également sur la mort d'un des trois Thibault. Autre effet de symétrie, la somme romanesque qui s'ouvrait, dès les premiers mots, sur les noms de M. Thibault et d'Antoine, se clôt, à la dernière ligne, avec la seule mention du prénom Jean-Paul, celui du petit-fils, seul survivant de la lignée [2].

À l'intérieur même de l'*Épilogue*, le journal, qui constitue le chapitre final du dernier tome des *Thibault*, succède à deux séquences qui amorcent déjà l'isolement du héros. À la

---

1. Le journal constitue aussi le point d'arrivée de la destinée du héros : Antoine le souligne lui-même dès les premières lignes du carnet en jouant sur les mots : « *Arriver! Tout au long de mon existence, ce refrain : arriver!* […] *et maintenant, ce mot, arriver, dans ce lit, quelle dérision!* »
2. *L'été 1914* commence par le prénom de Jacques.

fin du chapitre XIV, Martin du Gard évoque un Paris déserté à la suite d'une alerte qui précipite les passants dans les abris. Antoine, qui vient de comprendre, en quittant le docteur Philip, que son mal est incurable, se retrouve alors seul dans les rues de la capitale. Solitude physique symbolique de sa solitude morale : Antoine est seul parce que ses proches sont morts; Antoine est seul parce qu'il n'a aucun véritable ami à qui se confier; Antoine est seul parce qu'il vient d'apprendre qu'il va mourir. Et la dernière vision que propose de lui le récit à la troisième personne (qui s'achève là) est celle d'un homme qui vacille en rejoignant sa demeure. Tout comme Jacques à la fin de *L'été 1914* – et c'est là un effet de structure – Antoine entame ainsi, à la fin de l'*Épilogue,* une marche vers une solitude de plus en plus grande. Le chapitre XV nous propose la lecture de quelques lettres du protagoniste, lettres qui, par leur existence même, rendent sensible son éloignement. Le chapitre XVI, qui se présente donc comme un journal, fige désormais Antoine dans l'attitude du héros solitaire, aux prises seulement avec lui-même : le journal constitue ainsi la suite et la fin de cet itinéraire dans l'univers de la solitude et du repli sur soi. La somme romanesque des *Thibault* qui a mis en scène un monde grouillant de personnages et une série de bouleversements de l'Histoire se termine ainsi, après la transition opérée par les deux avant-dernières séquences, dans le calme d'une méditation solitaire : l'effet esthétique est réussi.

2. *Une « structure » de l'improvisation*

Le romancier a le souci de donner une allure non concertée à l'écriture du journal. C'est en cours de rédaction qu'Antoine découvre que les notes de son carnet – il récuse quant à lui le terme de journal – sont rédigées dans un double dessein : elles constituent à la fois le lieu d'un examen de conscience et d'un dialogue avec soi-même – finalité habituelle d'un journal intime – et celui d'une série de messages adressés au neveu Jean-Paul par un oncle qui retrouve ainsi la tradition médiévale de l'initiation avunculaire.

D'autres éléments de diversité donnent au journal un caractère improvisé : variété des moments de l'écriture, de la dimension des séquences, du contenu des notations, attention portée aux conditions matérielles de la rédaction, remords de plume, etc.

Mais surtout Martin du Gard donne à son texte deux caractères inhérents à la « structure » du journal intime : le « ressassement » et la progression par associations d'idées. Tout journal intime présente une tendance à la redite ou en tout cas à la modulation de certains thèmes, au retour périodique de certains motifs. Ce « ressassement » n'est pas forcément négatif : il témoigne des préoccupations ou des obsessions majeures de l'intéressé. C'est ainsi qu'Antoine revient à plusieurs reprises sur les propositions de Wilson qu'il retourne en tous sens; c'est ainsi que deux ou trois fois il déplore d'avoir souvent dans sa vie porté un masque; c'est ainsi que dans cinq courtes séquences il évoque le souvenir de Rachel et qu'il prend conscience de l'importance de cet amour; c'est ainsi encore qu'ici ou là il transcrit en quelques lignes l'angoisse de la mort qui l'habite – et le ressassement dans ce dernier cas revêt un caractère pathétique.

Quant à l'association d'idées, elle constitue le seul principe de progression du journal d'Antoine. Le point de départ des notations du héros est très souvent fourni par son environnement immédiat : lettres reçues, conversations de table, lectures de journaux, etc. Ainsi son récent passé de soldat est restitué, de façon partielle et non chronologique, par touches brèves et discontinues, à la faveur de ce que la lecture des quotidiens fait surgir dans sa mémoire : il apprend qu'une offensive se prépare à l'est d'Amiens et se remémore alors la « *pagaïe* » d'Amiens en août 14 (943) [1]. Il mentionne la

1. Les chiffres entre parenthèses renvoient aux pages de l'édition de la Pléiade.

reconquête de « *Montdidier, Lassigny, Ressons sur Matz* » et « *tous les souvenirs de 16* » lui viennent à l'esprit (953). Ces rencontres entre le présent des journaux et le passé du héros font naître l'émotion : Antoine découvre des événements qui se déroulent dans des lieux où il a jadis été acteur, en un temps où il appartenait au monde des vivants alors qu'il se trouve désormais dans l'antichambre de la mort. Cette technique jette une lumière sur la personnalité du héros : il ne s'agit pas pour lui d'égrener des souvenirs et de les mettre en récit, d'étaler regrets et nostalgies; c'est le présent et l'avenir qui le préoccupent avant tout.

Mimant ainsi le caractère improvisé et spontané du journal intime, Martin du Gard refuse une organisation rhétorique du texte; il évite que le carnet d'Antoine ne constitue une sorte de reconstruction du passé ou de bilan d'une vie : il lui confère un caractère authentique et émouvant.

3. *Une structure concertée*

Le journal d'Antoine n'est pas pour autant dénué d'une réelle structure. Le principe d'organisation le plus évident, le seul visible même, est constitué par le découpage chronologique. Les séquences du carnet se succèdent au rythme des jours passés à la clinique du Mousquier entre le mardi 2 juillet et le lundi 18 novembre 1918; chacune d'elles est précédée de l'indication du moment où elle a été écrite. Cette inscription systématique de la date, voire de l'heure de l'écriture caractérise de façon essentielle le journal intime [1]. Or cette caractéristique banale prend ici une valeur bien particulière : l'indication chronologique en effet ne constitue pas seulement pour le héros un point de repère pour une relecture ultérieure; elle représente aussi à chaque fois un élément d'un compte à rebours : chaque nouvelle date écrite

1. « C'est la seule véritable structure d'un genre qui paraît ne pas en avoir », écrit Béatrice Didier (*Le journal intime,* P.U.F., 1976, p. 172).

sur le carnet implique dans le cas d'Antoine la prise de conscience qu'une nouvelle étape est franchie vers la mort inéluctable. Cette valeur intense de l'indication chronologique, le héros la commente parfois :

> *Premier halo du jour dans la fenêtre. Encore une nuit. Une nuit de moins... (949).*

> *1er septembre 18.*
> *Un nouveau mois. En verrai-je la fin ? (974).*

> *8 juillet.*
> *Trente-sept ans. Dernier anniversaire! (928).*

> *1er novembre 18, matin.*
> *Le mois de ma mort (1007).*

Ainsi les indications chronologiques du journal contribuent au caractère pathétique de l'œuvre et scandent, pour le lecteur, la marche du destin.

On mettra au compte de la volonté de réalisme les « trous » dans la chronologie. Aucun journal n'est tenu de façon systématique; tel voyage improvisé, telle visite impromptue, telle occupation intense distraient le « diariste » de sa tâche. Il en va autrement pour Antoine : les jours manquants dans le carnet sont pour lui des jours de souffrance aiguë. C'est le contexte qui, discrètement, nous le fera comprendre. Ici encore le « système » des dates n'a pas valeur purement chronologique ou purement réaliste. Chaque trou dans la chronologie, chaque blanc dans l'éphéméride, chaque silence d'Antoine trahit l'impuissance à écrire et l'intensité de la souffrance. On voit ainsi comment la structure chronologique, inhérente au genre du journal intime, est mise au service du pathétique.

Il va de soi que la marche d'Antoine vers la mort constitue ici un autre principe de structuration. La nature de l'écriture est liée de façon essentielle aux progrès de la maladie. Un coup d'œil rapide sur l'ensemble du journal montre que le volume des fragments diminue au fur et à mesure que les jours s'écoulent et que la mort approche. Trente-huit séquences écrites en juillet et quarante-quatre écrites en août s'étalent respectivement sur 25 et 31 pages [1]. Ensuite les séquences, encore nombreuses, diminuent en importance : quarante-quatre sur 22 pages pour septembre, vingt-neuf sur 11 pages pour octobre et vingt-quatre sur 5 pages pour les dix-huit premiers jours de novembre. Le romancier rend ainsi sensible de façon concrète l'épuisement progressif des forces du personnage.

Mais Martin du Gard a tenu à éviter que l'affaiblissement d'Antoine suive une courbe parfaitement régulière. Au cours de ces quatre mois et demi, le héros, constamment malade, connaît quatre « crises » qui l'affectent pendant quelques jours et dont il se remet à chaque fois peu ou prou : la première du 10 au 16 juillet, la deuxième du 24 juillet au 1er août, la troisième du 16 au 20 août, la quatrième du 25 au 28 août : telles sont les dates que le contexte permet de reconstituer approximativement. Une cinquième et dernière crise (avant l'affaiblissement final), beaucoup plus longue, le mènera, à partir des environs du 5 septembre, d'aggravations en aggravations, jusqu'à l'opération du 29 septembre. Ce sont donc les successions de crises et de rémissions qui rythment le récit : à chaque aggravation du mal correspondent des séquences courtes – voire des silences – qui alternent avec des pages plus longues et plus denses écrites pendant les moments d'amélioration relative de la santé d'Antoine.

À cet égard, l'« apogée » du journal se situe le 14 août, journée qui donne lieu à la séquence la plus longue, la plus riche en fragments, celle aussi où la méditation est la plus

1. Il s'agit des pages de l'édition de la Pléiade.

intense. (C'est à ce moment qu'Antoine pose les problèmes des fondements de la morale et du sens de la vie avec une facilité de plume dont le romancier a donné, 11 pages plus tôt, une justification anticipée, en évoquant le « *nouveau calmant de Mazet* » qui n'a aucun effet sur l'insomnie mais qui est à la source d'une « *lucidité* » et d'une « *activité d'esprit décuplées* » (945).) C'est une des réussites du journal que cette variété du rythme et cette diversité du discours auxquelles le romancier a su donner, en les fondant sur les oscillations de la maladie, un caractère de nécessité.

Cette courbe sinusoïdale qui caractérise aussi bien l'évolution de la maladie que celle de l'écriture s'interrompt tout à coup : Martin du Gard a ménagé dans le récit une cassure qui divise le texte en deux parties inégales, cassure qui correspond, sur le plan des faits racontés, au moment de l'opération et, sur le plan de l'écriture à un « blanc » de huit jours – de loin le plus important du carnet. Avant l'opération, de juillet à septembre, les préoccupations d'Antoine restent très variées : dans le tissu de sa réflexion, on discernerait aisément six ou sept fils qui s'entrecroisent : souvenirs de ses proches, rappels de moments vécus à la guerre, projets concernant Jean-Paul, pensées sur l'avenir de l'Europe, méditations sur lui-même et sur la destinée humaine, évocation du présent immédiat : sa santé et les nouvelles du front. À partir du début du mois d'octobre – tout de suite après l'opération –, le champ de sa méditation se rétrécit définitivement. Le souvenir de ses proches n'effleure plus la conscience d'Antoine. Seule lui revient une anecdote concernant une petite Algérienne et, seule des êtres qu'il a chéris, surgit dans sa mémoire la figure de Rachel (et son évocation – effet de structure – en acquiert une intensité d'autant plus grande). Plus aucune mention désormais de son passé de soldat; plus de méditation sur le futur. Ne subsisteront que des notations concernant l'évolution de la maladie et les nouvelles de la guerre. À partir de ce moment, Antoine tend à se replier non sur soi seul (il est trop attentif aux événements pour cela) mais sur le présent ou le futur immédiat; et ce jusqu'au moment où il ne lira plus les lettres reçues et prendra, dans la solitude la plus complète, la décision du suicide. Cette « cassure » de l'opération permet de justifier une forme d'accélération et de simplification du récit, liées à l'essoufflement et à l'affaiblissement, cette fois progressif, du héros.

Ce qui enfin structure d'un bout à l'autre le carnet d'Antoine, c'est la trame des deux récits parallèles qui occupent seuls l'extrême fin du livre : celui de la fin de la guerre, celui de la fin de la vie du héros. Respectant l'allure apparemment chaotique du journal intime, Martin du Gard juxtapose dans de nombreux fragments, sans souci de liaison ou de transition, les évocations de ces deux séries de faits. Ainsi peut-on reconstituer les quatre mois qui ont précédé l'armistice, les succès italiens, les avancées françaises dans l'Est, la remontée des Anglais vers le Nord – avec de temps à autre des moments de stagnation [1]. Ainsi peut-on suivre l'évolution de la maladie d'Antoine : crises d'étouffement, déminéralisation, ganglions bronchiques, douleurs rétrosternales, prolifération de tissus fibreux, expectoration de fragments, spasmes, infection pulmonaire, fléchissement du cœur droit, infection générale, etc., avec de temps à autre des moments de rémission [2]. Il n'y a cependant pas là simple juxtaposition. À la vérité, le romancier entrecroise subtilement ces deux fils de la narration de telle sorte que, souvent, à de bonnes nouvelles de la guerre correspondent de mauvaises nouvelles de la santé d'Antoine. Ainsi, le 12 juillet « *les paquets de ganglions bronchiques ont encore augmenté* » tandis que l'avance italienne se confirme (934). Le 21, nous appre-

---

1. Au total cette reconstitution correspond au récit linéaire des manuels d'histoire.
2. Cette reconstitution correspond à l'évolution de la maladie telle que Martin du Gard l'a étudiée dans sa documentation. (Voir René Garguilo, *La genèse des Thibault*, Klincksieck, 1974, pp. 606-607.)

nons que le héros est victime d'une « *déphosphatisation* » et d'une « *déminéralisation régulièrement progressives* » et que l'armée française avance de l'Aisne à la Marne (939). Le 25, Antoine écrit :

> *Château-Thierry est occupé par nous.* [...]
> *Crises d'étouffements plus nombreuses* (941).

C'est que la paix et la maladie progressent chacune de façon régulière. En évoquant ces deux progressions, le romancier narre, dans le dernier chapitre de l'*Épilogue,* à la fois l'histoire d'une victoire et l'histoire d'une défaite. Et le pathétique naît de cette contradiction qui habite Antoine sans qu'il l'exprime jamais entre les motifs de l'espoir et de la joie et les raisons de l'angoisse et de la tristesse. Chaque jour rapproche le héros de la paix tant espérée en même temps que de la mort tant redoutée.

Ce contraste émouvant entre ces deux séries d'événements, Antoine, quant à lui, ne le soulignera qu'une seule fois et ce sera quelques jours avant sa mort :

> *Dans les tranchées, partout espoir, délivrance! Et moi...*
> (1009).

C'est d'ailleurs un aspect de la grandeur du héros que cet intérêt permanent pour l'évolution des événements politiques; celui-ci ne le quittera que huit jours avant sa mort, à la veille du 11 novembre. Et le romancier ménage un effet de dérision tragique en privant Antoine de la joie de mentionner dans son journal la nouvelle de la signature de l'armistice et en le faisant disparaître en même temps que renaît la paix.

4. *Le dernier mot*

L'ensemble des fils du récit mène, on le sait, à un prénom : « *Jean-Paul* ». Que dire de cette fin? On notera d'abord qu'elle semble comme ajoutée. L'effet de clôture aurait été plus net avec les deux lignes qui précèdent :

> *37 ans, 4 mois, 9 jours.*
> *Plus simple qu'on ne croit.*

C'était là une belle phrase finale, dont on peut admirer à la fois la sobriété et l'intensité. C'était l'allusion discrète mais claire au suicide; c'était la fin de l'itinéraire menant à la solitude totale.

Le dernier mot change quelque peu le sens qui semblait se dégager de la structure d'ensemble du livre. Ce journal, qui racontait à son extrême fin l'histoire d'un repli sur soi, s'ouvre tout à coup à nouveau sur autrui. Pourquoi cette mention ultime? Dernière pensée affectueuse à l'endroit du destinataire du carnet? Besoin, au moment de se donner la mort, de prendre à témoin le dernier survivant de la famille? Appel ultime au fils de Jacques pour qu'il réalise enfin ce que les premiers Thibault n'ont su qu'ébaucher? Sans doute; mais le romancier peut avoir encore d'autres motivations. Esthétique tout d'abord : Martin du Gard n'aime pas les clôtures définitives; il apprécie, dit-il ailleurs [1] que « *ça ne finisse pas* » et souhaite « *laisser des prolongements* ». Il rejettera le terme de conclusion qui devait servir à annoncer la parution du dernier tome de son roman. Idéologique ensuite : cet enfant dans lequel Antoine met tous ses espoirs vivra l'échec des illusions sur l'avenir dont le héros témoigne dans son journal. Martin du Gard achève l'*Épilogue* en 1939 à l'aube de la Seconde Guerre mondiale et fait écrire à Antoine qu'en 1940 Jean-Paul aura vingt-cinq ans et vivra « *dans une Europe reconstruite, pacifiée* » (980). Le dernier mot de l'*Épilogue* achève ainsi la série des illusions que le protagoniste nourrit tout au long du journal.

---

1. Lettre à Eugène Dabit du 18 décembre 1934, et dossier de *Deux jours de vacances*, B.N., fonds R.M.G., vol. 97, f. 115.

*

Le journal d'Antoine, qui semble proposer un libre vagabondage de la plume, comporte en fait un certain nombre de principes de structure. L'art de Martin du Gard a consisté à ne pas les rendre trop apparents et à les faire servir à l'expression du pathétique et du tragique de l'œuvre.

Bernard Alluin
(Université de Lille III)

ROGER MARTIN DU GARD AU T.L.F.

L'ensemble des textes de R.M.G., saisis et traités sur ordinateur par l'Unité de recherches n ° 1 : *Trésor général des langues et parlers français* de l'Institut national de la langue française (C.N.R.S.)[1], totalise 1 246 111 occurrences[2] dont 790 395 pour *Les Thibault.* Toutes les œuvres ont été « entrées » d'après l'édition Gallimard, coll. La Pléiade, 1959-1962. On en trouve des citations, sous forme d'exemples, retenues pour leurs dossiers de mots par les rédacteurs du *Dictionnaire de la langue du XIXᵉ-XXᵉ siècle,* éd. C.N.R.S. (16 vol. à paraître; en 1986 : t. XII.). L'intérêt du *T.L.F.* pour les études sur R.M.G. vient de ce que les textes mis en mémoire peuvent être interrogés à l'I.N.A.L.F.-Nancy ou à partir de terminaux tels que celui de la Bibliothèque publique d'information du Centre Pompidou-Paris ou de la Bibliothèque universitaire de Paris III, centre de Censier. A moyen terme, ils pourraient l'être à partir de minitels (informations transmises par le réseau P. & T. Transpac).

La banque de données Frantext (constituée du *T.L.F.,* plus un vaste ensemble documentaire dictionnairique, linguistique, etc.) peut être interrogée à l'aide du logiciel Stella :

1. U.R.L. n° de l'I.N.A.L.F., 44 av. de la Libération, 54014 Nancy cedex.
2. Occurrence : toute apparition d'une forme signifiante (mot, chiffre, ponctuation).

a) par lots : interrogations groupées, réponses ultérieures groupées,

b) en conversationnel : interrogation apparaissant sur l'écran immédiatement suivie d'une réponse, affichée sur l'écran (la partie moniteur d'un micro-ordinateur) et après laquelle on interroge à nouveau, etc. Si on le demande, les réponses peuvent aussi être obtenues imprimées ultérieurement ou, si l'on dispose d'une imprimante personnelle, presque immédiatement.

Dans l'état des programmes d'indexation et d'analyse des textes littéraires, on peut obtenir, s'agissant de R.M.G., pour une œuvre ou un ensemble d'œuvres, voire la totalité :

– l'indexation alphabétique de chaque forme avec fréquence et avec, pour chaque occurrence [1], la référence (chapitre, page [2]);

– l'indexation hiérarchique décroissante des formes (de la plus haute – en général : *de* – aux happax, eux-mêmes classés alphabétiquement;

– les contextes d'1 ou N formes, présentés ligne par ligne, du point au point, du paragraphe au paragraphe;

– recherche de syntagmes, par ex. : *cahier gris* dans tout texte ou ensemble de textes de R.M.G. mais aussi dans une tranche chronologique du *T.L.F.* (décennie, demi-siècle, siècle(s) du *T.L.F.* [3].

On peut, à l'inverse, faire rechercher dans les classements syntagmatiques (ex-groupes binaires) mis en mémoire dans Frantext tous les syntagmes de *cahier(s)*; par ex. *cahier confidentiel, cahier neuf, cahier noir*, etc. L'utilisateur apprendra bientôt à jouer avec les interrogations possibles, à peine

---

1. Ex. in *Vieille France* : si la forme *facteur* y apparaît 15 fois, elle a donc 15 occurrences.
2. Le renvoi à la ligne est en cours d'élaboration.
3. Pour le processus, cf. D. Bonnaud-Lamotte, « *Vin, vigne* et *vigneron* dans le T.L.F.* » in *CUMFID*, 14, 1983, Université de Nice, et U.R.L. n° 9 (dir. É. Brunet), pp. 119-135.

esquissées ici [1], et à conduire, dans l'œuvre de R.M.G., une recherche thématique, lexicologique, comparative synchronique (œuvres contemporaines saisies au *T.L.F.*) ou diachroniques (selon les tranches évoquées plus haut), syntaxiques et autres.

Le seul handicap actuellement sérieux est d'ordre juridique. En effet, seuls les chercheurs relevant officiellement de l'I.N.A.L.F. [2] peuvent obtenir des contextes. Les autres devront – encore n'est-ce pas sûr – se contenter des coordonnées bibliographiques du contexte souhaité (soit : titre, auteur, date, page) lorsque le texte n'est pas encore dans le domaine public – ce qui concerne R.M.G. Cependant, à titre expérimental et jusqu'à l'été 1987, Gallimard a autorisé l'affichage de 632 œuvres en mémoire dans Frantext sur écran vidéo aux centres Pompidou et Censier mais sans impression.

Étant donné le croissant intérêt des professeurs du secondaire pour l'enseignement de la langue et de la littérature françaises par micro-ordinateur, il reviendrait au C.I.R.M.G. de proposer un système qui concilie les précautions envers des « piratages » de citations – pouvant de proche en proche reconstituer le texte et donc bafouer les droits d'auteur – avec les nouvelles technologies de la communication. Actuellement, les élèves du secondaire ne peuvent, en ce domaine, qu'accéder aux écrivains du domaine public. Mais les initier sur écran, par exemple aux *Thibault* saisis au *T.L.F.*, ne pourrait-il les rendre désireux de se procurer l'ouvrage ?

Danielle Bonnaud-Lamotte
(C.N.R.S., I.N.A.L.F.)

---

1. Voir U.R.L. n° 1 de l'I.N.A.L.F., *Rapport d'activité* présenté par Bernard Quémada, 1987 (à demander à Nancy).
2. Par ex. André Daspre de l'U.R.L. n° 5 !

Répertoire des textes littéraires et techniques
des xixe-xxe siècles
enregistrés sur ordinateur
(C.N.R.S. — I.N.A.L.F. Nancy, 1983, pp. 81-82)

MARTIN DU GARD. R   *occurrences :*

Devenir! (1909)
In *Œuvres complètes*, t. 1, Paris, Gallimard, 1962.   085070
* Prose * Roman

Jean Barois (1913)
In *Œuvres complètes*, t. 1, Paris, Galimard, 1962.   148391
* Prose * Roman

Le testament du père Leleu (1920)
In *Œuvres complètes*, t. 2, Paris, Gallimard, 1959.   012126
* Prose * Théâtre

In memoriam (1921)
In *Œuvres complètes*, t. 1, Paris, Gallimard, 1962.   007841
* Prose * Mélanges littéraires

Les Thibault. Le cahier gris (1922)
In *Œuvres complètes*, t. 1, Paris, Gallimard, 1962.   075127
* Prose * Roman

Les Thibault. Le pénitencier (1922)
In *Œuvres complètes*, t. 1, Paris, Gallimard, 1962.   077209
* Prose * Roman

Les Thibault. La belle saison (1923)
In *Œuvres complètes*, t. 1, Paris, Gallimard, 1962.   071972
* Prose * Roman

La gonfle (1928)
In *Œuvres complètes*, t. 2, Paris, Gallimard, 1959.   034827
* Prose * Théâtre

Les Thibault. La consultation (1928)
In *Œuvres complètes*, t. 1, Paris, Gallimard, 1962.   038619
* Prose * Roman

Les Thibault. La sorellina (1928)
In *Œuvres complètes*, t. 1, Paris, Gallimard, 1962.   054849
* Prose * Roman

Les Thibault. La mort du père (1929)
In *Œuvres complètes*, t. 1, Paris, Gallimard, 1962.   065934
* Prose * Roman

Confidence africaine (1931)
In *Œuvres complètes*, t. 2, Paris, Gallimard, 1959.   010466
* Prose * Roman

Un taciturne (1932)
In *Œuvres complètes*, t. 2, Paris, Gallimard, 1959.   050982
* Prose * Théâtre

Vieille France (1933)
In *Œuvres complètes*, t. 2, Paris, Gallimard, 1959.   037841
* Prose * Roman

Les Thibault. L'été 1914 (1936)
In *Œuvres complètes*, t. 2, Paris, Gallimard, 1959.   356159
* Prose * Roman

Les Thibault. Épilogue (1940)
In *Œuvres complètes*, t. 2, Paris, Gallimard, 1959.   116460
* Prose * Roman

Notes sur André Gide (1951)
In *Œuvres complètes*, t. 2, Gallimard, 1959.   024880
* Prose * Mélanges littéraires

Souvenirs autobiographiques (1955)
In *Œuvres complètes*, t. 1, Paris, Gallimard, 1962.   043292
* Prose * Mémoires

LA MORT DE TCHEN
DANS « LA CONDITION HUMAINE »,
LA MORT DE JACQUES
DANS « LES THIBAULT » :
COÏNCIDENCE, AFFINITÉ,
RÉMINISCENCE INCONSCIENTE?

Une lecture de la mort de Tchen dans *La condition humaine* de Malraux présente une analogie frappante avec celle de la mort de Jacques dans *L'été 1914* de Martin du Gard. Ii y a, certes, une différence d'écriture : le style de Malraux, condensé, nerveux, rapide, moins calculé, décrit la fin de Tchen en moins de quatre pages, alors que l'agonie de Jacques s'étend sur une trentaine de pages de l'édition de la Pléiade. Mais les divers mouvements de ces extraits, leur imagerie, leurs signes, leurs termes sont curieusement apparentés. Ce court essai va d'abord souligner les parallèles entre les textes avant d'essayer d'en évaluer la signification.

Les deux récits pourraient sommairement se diviser en quatre mouvements. Dans le premier, la narration passe alternativement de la troisième personne du singulier à l'omniscience indirecte et à de brefs épisodes de monologues intérieurs, tandis que Tchen et Jacques méditent face à l'espace sombre et flou d'une ville surpeuplée. Dans la *Condition*, la nuit s'étend sur la ville; dans l'*Été*, le jour se lève. Qu'importe, nous sommes aux limites d'une fin et d'un début, à des instants sans contours définis, sans couleur véritable, et les deux lieux, l'un en Chine, l'autre en Europe occidentale, offrent une correspondance surprenante : un paysage de ville auquel le mot «brume» répété comme un leitmotiv, confère un caractère de demi-rêve; et dans le cadre de cette ville, une population que l'usage opportun de synecdoques transforme en êtres immatériels. « Les lumières troubles des villes de brume... », « Cette nuit de brume... », « La brume, nourrie par la fumée des navires... », « les rails mouillés », « ... des passants affairés... », « ... toutes ces ombres qui coulaient sans bruit vers le fleuve [1]... », se présentent au regard de Tchen et accompagnent sa rêverie. Bien que la vue de Jacques soit à un angle différent (il plonge son regard vers la terre d'en haut de son avion), des signes identiques jalonnent la description (brume, fleuve, rails, habitants métamorphosés en fantômes) : « ... *la brume est devenue transparente...* », « ... *des nappes de brumes dormantes s'étirent...* » ; il y a « *la rivière* », « *la voie ferrée* », « *une ville grouillante de vies invisibles* [2] ».

Une coupure précise interrompt la communion avec l'univers de la ville, avec la foule anonyme que Tchen et Jacques espèrent sauver de l'oppression ou de la guerre. « La trompe militaire de l'auto de Chang-Kaï-Shek » (*Condition*, p. 278), « *une sorte d'ébranlement, de heurt* » (*Été*, p. 731) ramènent nos héros à leurs destins. Tchen se jette sur la voiture « les yeux fermés » et « il avait sombré dans un globe éblouissant » (*Condition*, p. 279). Quant à Jacques : « *d'instinct, il a fermé les yeux* », « *des rosaces de feu d'artifice l'enveloppent, le roulent, l'emportent dans des lueurs tournoyantes* », « *et soudain toute cette épouvante sombre dans la douceur* » (*Été*, p. 732) : réaction identique des yeux fermés, vision semblable d'une lumière tournoyante et éblouissante, même usage du verbe sombrer dans les deux épisodes.

Quand il revient à lui, Tchen

---

1. André Malraux, *La condition humaine*, Gallimard, Paris, 1946, pp. 276-277. Toute référence ultérieure à *La condition humaine* se rapportera aux pages de cette édition.
2. Roger Martin du Gard, *Œuvres complètes*, Bibliothèque de la Pléiade, Gallimard, Paris, 1955, II, pp. 729-730. Toute référence ultérieure à *L'été 1914* se rapportera aux pages de cette édition.

... prenait conscience de la douleur, qui fut en moins
d'une seconde au-delà de la conscience. Il ne voyait plus
clair... Il souffrait de toute sa chair, d'une souffrance pas
même localisable : il n'était plus que souffrance... Il tenta
d'atteindre la poche de son pantalon. Plus de poche,
plus de pantalon, plus de jambe : de la chair hachée.
... rien n'existait que la douleur. (*Condition*, p. 279.)

Quoique le récit de la souffrance de Jacques soit plus
minutieux, plus détaillé, on y retrouve les mêmes signes :
une souffrance inconcevable, les jambes déchiquetées, un
regard qui essaye de se fixer :

> *D'intolérables douleurs le mordent aux reins, aux cuisses,*
> *aux genoux... son regard vacillant remonte des profondeurs*
> *opaques... Mais il souffre trop; rien d'autre ne compte...*
> *Ces brûlures qui lui rongent les jambes jusqu'à la moelle*
> *des os... Il souffre. Indifférent à tout, sauf à la douleur...*
> (*Été*, pp. 733-735.)

Quand Jacques parvient à fixer son regard, voici la vue
qui se présente à lui : «... *A* trente mètres, *un monceau*
informe de débris *fume au* soleil *comme un bûcher éteint* :
amas *de ferrailles, où pendent quelques loques charbonneuses.* »
Pour Tchen, le tableau est bien semblable : « À *quelques*
mètres un *amas* de *débris* rouges, une surface de verre pilé
où brillait un dernier reflet de *lumière...* » Deux phrases pour
Martin du Gard, une seule pour Malraux, mais une vision
identique qui se passe facilement de commentaires si l'on
compare les mots clés que nous avons soulignés à dessein.
    La ressemblance entre les deux épisodes ne s'arrête point
là. En effet des hommes en uniforme se penchent sur les
blessés. Un policier pour Tchen, un soldat pour Jacques,
assistent à leurs derniers instants et, dans les deux cas, un
coup de revolver met fin aux souffrances des jeunes gens.
Évidemment, il y a des différences de détail : Tchen ne saura

jamais s'il a réussi dans son entreprise, et il arrive à tirer la balle qui termine sa vie. Mais la mort de Tchen n'est pas une liberté, cette « apothéose de l'instant » dont parle Blanchot [1], car les tout derniers mots de cette quatrième partie de la *Condition* ne sont-ils pas : « ... il tira sans s'en apercevoir » ? Jacques, par contre, est conscient de son échec et son calvaire atteint un tel crescendo que la lecture en devient presque insupportable; l'auteur ne nous fait grâce d'aucun détail : Jacques ne peut ni parler, ni bouger, ses mains sont attachées, il devient un objet surnommé « *Fragil* », mais un objet qui entend, voit et souffre. Quand il est finalement tué, c'est par un effet de circonstances; on pourrait se demander s'il n'aurait pas survécu avec un peu de chance. Ainsi, malgré les nuances, les lectures des morts de Tchen et de Jacques se terminent par une vision d'horreur et un sentiment de futilité et d'absurdité à l'idée d'un tel gâchis de volonté, d'intelligence, d'idéalisme, de jeunesse, de possibilités à tout jamais anéanties.

Jacques est central dans le roman des *Thibault*; sa mort vient à la fin, mettant un terme à la carrière d'un individu que nous avons vu grandir et se développer. Tchen reste un personnage plus épisodique. Pourtant là aussi on trouve un rapport : deux êtres élevés sans mère, deux êtres solitaires qui recherchent la solidarité, deux êtres tourmentés qui se mettent au service d'une cause et courtisent la mort. Bien sûr, nous ne parlons point, à propos de ces personnages, d'emprunt par un auteur à un autre, plutôt de rencontre, de parallèle, d'affinité. Influence freudienne sur le xxe siècle, influence sur toute une génération de l'immense boucherie que fut la guerre 1914-18, influence des divers courants politiques de l'époque : Malraux et Martin du Gard, deux écrivains de l'entre-deux-guerres, tous deux hantés par la mort, et préoccupés par l'idée de faire mourir leurs personnages d'une mort en accord avec la destinée que leur a

---

1. Maurice Blanchot, *L'espace littéraire*, Gallimard, Paris, 1955, p. 126.

allouée leur créateur. Mais ce qui nous intéresse dans ces
deux passages sur la mort de Tchen et de Jacques, ce n'est
pas la psychologie du héros, la place de ces personnages dans
leurs romans respectifs, et la signification de leurs morts
horrifiantes, ce qui nous intéresse est plus précis : le langage
employé pour décrire ces deux fins, le rapport étonnant des
divers indices, termes, images de ces extraits, un rapport trop
étroit pour faire penser à une simple coïncidence.

La correspondance André Gide-Roger Martin du Gard [1],
bien qu'elle ne puisse résoudre le mystère de l'analogie entre
ces textes, nous donne néanmoins quelques précisions intéressantes. Dans une lettre à Gide datée du 3 octobre 1933,
Martin du Gard écrit :

> *Dois-je faire de Jacques ce réfractaire convaincu (en*
> *lutte ouverte avec la guerre) qui n'a pas existé ? Dois-je*
> *me soumettre à la vérité historique ? Je balance encore,*
> *bien que fort tenté de lancer Jacques en pleine aventure*
> *d'isolé révolutionnaire, jusques et y compris le peloton*
> *d'exécution... (Vous voyez que je pense aller assez « fort ».)*
> (*Correspondance* I, p. 580.)

Il est donc évident qu'à cette date Roger Martin du Gard
n'avait pas encore décidé de la forme qu'il allait donner à la
progression de *L'été 1914*, et qu'il n'avait certainement pas
rédigé les pages relatives à la mort de Jacques. Toujours à
Gide, dans sa lettre du 27 juin 1934, Martin du Gard signale
que « *ce livre – ou plutôt cet ensemble de livres : la fin des*
Thibault – *s'amalgame lentement, peu à peu...* », et il ajoute :
« *Où en serai-je l'an prochain, à pareille date ? Je crois pouvoir*
espérer que j'aurai écrit deux volumes sur trois. » D'où nous
pouvons inférer qu'en juin 1934, la fin de Jacques dans le
volume III n'avait toujours pas trouvé sa forme définitive.

1. *Correspondance André Gide-Roger Martin du Gard,* 2 vol., Gallimard,
Paris, 1968.

Entre 1933, date de la parution de *La condition humaine,* et mars 1936, date de l'achèvement de *L'été 1914,* on lit maintes références à André Malraux dans la correspondance Gide-Martin du Gard (lettres du 18 mars 1934, du 15 janvier 1935, du 19 janvier 1935). Bien qu'il n'y ait point dans ces lettres de référence directe à *La condition humaine,* nous savons que Malraux et Martin du Gard entretenaient des relations amicales, qu'ils se retrouvaient durant les rencontres de Pontigny au mois d'août, que leur éditeur était le même et que les deux écrivains avaient en Gide un ami et un conseiller occasionnel. On peut donc supposer, sinon affirmer, que Martin du Gard avait lu *La condition humaine* lors de sa publication chez Gallimard, et que sa lecture avait dû être attentive.

Sans exclure l'inspiration d'un événement réel, celui de la mort de Lauro de Bosis [1], serait-il possible que Roger Martin du Gard, durant sa longue période d'hésitation, d'incertitude, de recherches en vue de trouver une fin plausible et logique à la vie, à la destinée de Jacques, ait ramené du fond de sa mémoire, d'une manière parfaitement inconsciente, toute une chaîne d'associations qui s'apparentent au court passage de la mort de Tchen dans *La condition humaine?* Les dates, en tout cas, correspondent et l'analogie des textes semblerait rejeter une rencontre purement accidentelle.

Renée Fainas-Wehrmann
(Pace University, New York)

---

1. Lauro de Bosis, « Histoire de ma mort », *Europe,* 15 mai 1933.

UNE MODALITÉ DE DISLOCATION
SPATIALE ET TEMPORELLE :
LA PARENTHÈSE

L'attention de celui qui étudie les techniques narratives qui se dessinent dans les romans appartenant à la littérature française de notre siècle est retenue par la présence, plus ou moins marquée, des parenthèses dans le texte (nous nous rapportons à la parenthèse en tant que micro-structure placée entre les signes typographiques spécifiques, insérée dans une phrase, ou formant elle-même une phrase ou un ensemble de phrases, et non pas comme digression en général). Des romans de substance très variée, comme, par exemple, *La condition humaine*, de Malraux, *Thérèse Desqueyroux*, de François Mauriac, *Au nom du fils*, de Hervé Bazin, *La route des Flandres*, de Claude Simon, *Le parc*, de Philippe Sollers, et bien d'autres encore offrent des échantillons dignes d'être pris en considération pour une meilleure connaissance des intentions de leurs auteurs. La présence de ces micro-textes peut être signalée aussi dans des romans créés avant le XXe siècle, et il suffit de mentionner les chefs-d'œuvre de Stendhal *Le Rouge et le Noir* et *La Chartreuse de Parme*.

Les romans de Roger Martin du Gard renferment une quantité appréciable de parenthèses, glissées dans le récit à la troisième personne, ou à la première personne, dans le dialogue ou le monologue intérieur, lesquelles introduisent, toutes, par le contenu et par la place occupée dans le flux textuel, des éléments nouveaux, destinés à enrichir la substance romanesque. Rares dans *Devenir!*, elles deviennent de plus en plus nombreuses dans les œuvres de large respiration, *Les Thibault* et *Le lieutenant-colonel de Maumort*, pour porter un matériel narratif d'une exceptionnelle richesse. On peut constater, en les considérant, qu'elles remplissent des fonctions multiples, avec un maximum d'économie lexicale parfois, par les limites imposées, du moins en principe, aux éléments introduits dans un texte. Grâce à elles, l'auteur a pu réaliser des portraits, des plongées dans le passé, des avancées, animer des scènes, formuler des réflexions d'ordre social, politique, moral, ou tout simplement donner des indications révélatrices de ton et même de prononciation, rappeler une date, un nom, une localité. Il faut tenir compte du fait que Martin du Gard a été aussi dramaturge et auteur de scenarii de films, préoccupations qui se reflètent dans certains fragments plus ou moins amples placés entre parenthèses. C'est toujours grâce à elles que ce romancier scrupuleux, qui a réuni une riche documentation pour écrire ses romans, a pu concentrer une matière romanesque d'une extrême densité, manier avec un art parfait les modalités du point de vue, afin de sonder le caractère, les états psychiques et l'évolution de ses personnages sans surcharger le texte. Une parenthèse suggestive, bien placée, peut supprimer, comme on le sait, une description ample, et même révéler la pensée de l'auteur, qui surgit çà et là dans les pages d'un roman.

Nous nous proposons de présenter dans cet article uniquement les parenthèses qui apportent des changements de perspective spatiale ou temporelle, le plus souvent solidaires, en faisant la remarque que ce type a évolué vers des formes de plus en plus complexes, suivant les métamorphoses du roman au xxᵉ siècle, orienté vers l'exploration poussée du temps subjectif, de la durée individuelle, et qu'il se trouve en un rapport d'étroite liaison avec le développement et la diversification du monologue intérieur, lequel relève, lui aussi, d'une perspective foncièrement discontinue des états psychiques et du temps. Notre attention a été retenue de façon toute spéciale par les parenthèses de ce type qui apparaissent dans *L'été 1914, Épilogue* et *Maumort,* et qui sont, par leur structure, les plus intéressantes du point de vue narratif.

Dans *L'été 1914,* volume dans lequel l'auteur anime un grand nombre de personnages (dont quelques-uns bien connus par le lecteur) entraînés dans la vie tumultueuse de l'action politique et sociale, les parenthèses rétrospectives ou anticipatives se manifestent surtout en tant que facteurs d'économie pour présenter brièvement un personnage, une réaction, une attitude, une pensée, comme dans l'exemple suivant :

> *Gise ne répondit rien. Son regard caressant, son regard d'animal fidèle, s'obscurcit. Elle laissa choir ses valises à ses pieds. Sur sa petite figure de métisse, dont le teint était devenu cendreux, la stupeur semblait s'inscrire tout naturellement, trouver des plis tout prêts. (De cette plage anglaise où elle prenait ses vacances avec les pensionnaires de son couvent, elle avait très superficiellement suivi ce qui se passait en Europe. La veille seulement, lorsque les journaux avaient annoncé l'imminence de la mobilisation française, elle avait pris peur, et, n'écoutant aucun avis, sans même revenir à Londres, elle avait gagné Douvres et sauté dans le premier bateau.) (II, p. 639* [1]*.)*

Introduite dans un dialogue, cette parenthèse dévoile, en quelques lignes seulement, autant un moment de la vie de Gise, que sa façon de réagir devant un événement grave. Remarque valable pour un exemple type :

---

1. Le chiffre romain indique le volume et le chiffre arabe la page pour toutes les citations tirées des éditions suivantes : Roger Martin du Gard, *Œuvres complètes,* 2 vol., Bibliothèque de la Pléiade, Gallimard, Paris, 1955; Roger Martin du Gard, *Le lieutenant-colonel de Maumort,* édition établie par André Daspre, Bibliothèque de la Pléiade, Gallimard, Paris, 1983.

> – « *Distinguons!* » *fit Richardley, un grand garçon aux cheveux noirs taillés en brosse. (C'était autour de lui que, trois années auparavant, ce groupement cosmopolite s'était constitué; et, jusqu'à la venue de Meynestrel, il en avait été l'animateur. De lui-même, d'ailleurs, il s'était effacé devant la supériorité du Pilote, auprès duquel, depuis lors, il jouait, avec intelligence et dévouement, le rôle de second.) « Autant de pays, autant de réponses à faire... »* (II, p. 57.)

Et le dialogue engagé continue après cette parenthèse par laquelle l'auteur comble un silence du récit, pour faire des remarques sur les chefs du groupe socialiste fréquenté par Jacques, sur leur profil moral et les rapports qui les unissaient.

Les parenthèses renferment même des dialogues portés dans le passé, ce qui introduit, dans le récit à la troisième personne, un changement de ton destiné à engager l'intérêt du lecteur :

> *Il était en France depuis le mardi précédent. (Le lendemain de la réunion Bœhm, Meynestrel lui avait dit : « File à Paris. Possible que j'aie besoin de t'avoir là-bas, ces jours-ci. Je ne peux rien préciser pour l'instant. Profites-en pour prendre le vent, regarder de près ce qui se passe; comment réagissent les milieux de gauche français; spécialement le groupe Jaurès, ces messieurs de* L'Humanité... *Si dimanche ou lundi tu n'as rien reçu de moi, tu pourras revenir. À moins que tu ne penses être utile là-bas. ») Pendant ces quelques jours, il n'avait pas trouvé le temps – ou pas eu le courage – de venir voir Antoine.* (II, p. 116.)

Toute une scène s'anime sous nos yeux et nous apprenons, en même temps, le but du voyage de Jacques, son programme, les problèmes qui préoccupaient les socialistes, le récit à la première personne, plus vibrant, introduisant un rythme alerte dans le texte porteur, avec les meilleures conséquences sur l'acte de lecture. C'est toujours par une parenthèse, cette fois-ci de facture anticipative, que Martin du Gard révèle un drame intérieur de façon succincte et frappante justement par sa concision :

> *La porte s'ouvrit et Jousselin entra.*
> *– « Vous discutez toujours? » fit-il, avec lassitude.*
> *(Lui, il était en blouse. Il ne se faisait pas plus d'illusions que les autres; il savait que, dans vingt et un jours, il ne serait sans doute plus là pour constater le résultat des ensemencements auxquels il venait de consacrer sa matinée; mais il se faisait un devoir de travailler comme si de rien n'était. – « D'abord, ça empêche de penser », avait-il dit à Antoine, avec un triste sourire au fond de ses yeux gris.)*
> (II, p. 484.)

On peut trouver dans *L'été 1914* quelques parenthèses de dislocation spatiale et temporelle de grande ampleur, comme, par exemple, celle consacrée à Anne de Battaincourt (II, p. 111), qui occupe la moitié d'une page, ou au délégué allemand à Bruxelles, Haase (II, pp. 439-440), offrant à l'auteur la possibilité de creuser en profondeur le temps et l'espace objectifs et subjectifs.

Dans le dernier volume de la même somme romanesque, *Épilogue*, les fragments écrits entre parenthèses, nombreux et d'une grande diversité, enrichissent l'image d'Antoine et des événements dramatiques qu'il a vécus. Comme le présent n'est pas le temps fort de l'existence de celui-ci, des cortèges d'images sont captés par sa mémoire, tout un passé est revu et revécu intérieurement, sa conscience étant une véritable caméra qui se fixe sur un objet, une figure, qui se déplace dans le temps et l'espace afin de repêcher des souvenirs volontaires et involontaires. Sa chambre de malade, cet univers clos favorise le travail de la mémoire; mais tout en étant son prisonnier, Antoine, esprit lucide, épris de clarté et de précision, tout comme son auteur, est libre d'évoluer intérieurement par son imagination, pour retrouver certains moments de son existence et des figures d'amis. Les fragments écrits entre parenthèses se présentent souvent comme de courtes histoires d'hommes arrachés à leurs familles par la guerre, comme Léon (II, pp. 823-824), Darros (II, p. 955), ou Mme de Fontanin, qui a organisé l'hôpital de Maisons-Laffitte, dont les détails d'ordre spatial et temporel sont présentés dans une ample parenthèse de 27 lignes (II, pp. 791-792). Par le fait qu'il anime plusieurs personnages, Martin du Gard réussit à introduire dans *Épilogue,* tout comme dans *L'été 1914,* plusieurs dimensions spatiales et temporelles, élargissant le texte dans son ensemble, grâce aux effets dus aux déviations par rapport à l'ordre du récit. La présence de ces amples parenthèses s'explique par le fait qu'*Épilogue* étant le dernier roman de la série, l'auteur a dû présenter la situation des personnages campés dans sa somme romanesque. Or, dans la vie de chacun, la guerre et l'après-guerre ont apporté des modifications notables, ce qui a exigé une concentration de la matière et un assouplissement des techniques narratives. D'autre part, Antoine, situé dans l'espace fermé où se déroule le dernier acte de son aventure existentielle, n'a plus d'avenir devant lui. Tourné vers le passé, mouvement qui souligne bien son drame, il étudie, en bon médecin, son cas, enregistre ce qui se passe autour de lui, et le présent étant pénible, l'avenir refusé, il erre librement dans le temps et l'espace, le flux de sa pensée étant marqué de nombreuses parenthèses, autant de sous-textes qui enrichissent la substance romanesque de nouveaux plans spatio-temporels, destinés à souligner le rythme de sa vie intérieure. Les événements extérieurs bien que réduits à un minimum de faits et événements (lettres, visites, nouvelles écoutées à la radio) déclenchent une prodigieuse activité de sa mémoire, manifestée par une succession rapide d'images, de pensées et de sentiments. Cela détermine une diversification de la typologie de la parenthèse de facture spatiale et temporelle, destinée autant à approfondir les sphères profondes du passé remémoré, qu'à réaliser des juxtapositions de faits et d'évé-

nements par la malléabilité de la texture temporelle et spatiale.
Une parenthèse suggestive sert à réaliser une incursion dans
un passé heureux :

> *Au-dessous de lui s'étendait l'étroite terrasse dominant*
> *le saut-de-loup qui séparait le jardin de la forêt. A l'ombre*
> *des deux platanes (où Mme de Fontanin se tenait toujours*
> *autrefois), Daniel était allongé sur une chaise d'osier, un*
> *livre sur les genoux.* (II, p. 824.)

Mais le plus souvent, des associations involontaires font
surgir sur l'écran de la mémoire d'Antoine des scènes de
guerre d'une résonance profonde :

> *Bardot a reçu une lettre de la Somme; on dit qu'une*
> *autre offensive, franco-anglaise, se prépare à l'est d'Amiens.*
> *(Amiens, en août 14... Cette pagaïe, partout! J'en ai bien*
> *profité! Ce que j'ai pu rafler de morphine et de cocaïne,*
> *grâce au petit Ruault, à la pharmacie de l'hôpital, pour*
> *réapprovisionner notre poste de secours! Et ce que ça m'a*
> *servi, quinze jours plus tard, pendant la Marne!)* (II,
> p. 943.)

À remarquer la quantité appréciable d'éléments condensés
dans cette micro-structure, sa vitesse narrative spécifique, la
parenthèse opérant aussi comme un facteur de contraste, par
le contenu inattendu qu'elle apporte dans la progression
logique et chronologique du récit.
Même discordance entre la chronologie externe et interne
dans les exemples suivants :

> *Comment nier que la force prime le droit, du fond d'une*
> *cave ambulance pleine de blessés? (Quelques souvenirs*
> *précis: Soir du Cateau. Attaque de Péronne, derrière le*
> *petit mur. Poste de secours de Nanteuil-le-Haudouin.*

Agonie des deux petits chasseurs, dans la grange, entre
Verdun et Calonne.) (II, p. 959.)

Rappelle le message de Wilson en janvier 17 : « Paix
sans victoire », et « limitation progressive des armements
nationaux, jusqu'au désarmement général ». *(Janvier 17.*
Souvenir de ce patelin en ruine, derrière la cote 304.
La cave voûtée de la popote. Les discussions sur le
désarmement avec Payen, et le pauvre Seiffert.) (II,
p. 929.)

Les exemples signalés mettent à profit, dans leur ensemble,
les vertus du montage, procédé de base du cinéma, art des
changements de plans, grâce auquel le présent, le passé, ainsi
que les lieux les plus éloignés peuvent être rapprochés
considérablement ou superposés. Les éléments narratifs ren-
fermés dans ces parenthèses auraient pu constituer, à eux
seuls, la substance d'un chapitre, ou d'un paragraphe, mais
la façon dont ils ont été conçus, selon un découpage cinématographique évident, a permis à l'auteur d'éviter le style
discursif, l'accent étant mis sur ce qui est vraiment essentiel
dans l'aventure vécue par un ou par plusieurs personnages.
On peut remarquer, dans les exemples ci-dessus, l'accumu-
lation de plans – ce qui suggère l'idée de mouvement, de
déplacement –, le style syncopé, elliptique, le relief visuel
intense, le personnage acquérant plus de relief par l'image
vécue dans le présent et non pas dans un passé narratif. Il
est évident que Martin du Gard a senti, à un moment donné,
le besoin d'utiliser un style différent de celui utilisé dans les
premiers volumes, et cela par une nécessité esthétique et non
pas pour suivre une mode. Comme on le sait, il avoue même,
plein d'inquiétude, à André Gide, dans une lettre du 14 mars
1934 : « *Mais tâchez de vous mettre, un instant, dans la peau*
du lecteur qui, dans dix ans, lira Les Thibault *de bout en bout*
et qui, après sept volumes de roman " écrit " tombera brutalement

dans ces derniers volumes complètement différents, hachés, cinématographiques [1]. »

C'est toujours par des parenthèses que l'auteur réussit à évoquer, non seulement le jeu spatial et temporel déterminé par le rythme de la durée subjective d'Antoine, mais aussi, croyons-nous, le drame des villes marquées par la Première Guerre mondiale, afin de les graver pour toujours dans la mémoire de la postérité :

> *Nous voilà sur l'Aisne et sur la Vesle, devant Fismes. (Fismes, encore des souvenirs! C'est là que j'ai croisé le frère de Saunders, qui montait en ligne, et qui n'est pas revenu.)* (II, pp. 944-945.)

Plus pathétique encore, par sa forme lapidaire, qui semble suggérer le déclin des forces vitales du malade, et les points de suspension, laissant place aux interprétations les plus diverses, la parenthèse suivante :

> *La grande ligne Paris-Amiens, dégagée. Bataille à Montdidier. (Tous ces noms, Montdidier, Lassigny, Ressons-sur-Matz, tous les souvenirs de 16!...)* (II, p. 953.)

L'état d'esprit d'Antoine est bien rendu toujours par une parenthèse d'une construction spéciale, particulièrement émouvante. Un matin, le vieux Ludovic lui raconte son enfance en Savoie. Antoine ne s'engage pas dans un dialogue. Ce n'est que le soir, en notant les paroles de Ludovic, que la réponse de celui-ci est enfin formulée, dans une parenthèse :

> *M'a raconté son enfance, en Savoie. Et toujours : « C'était le bon temps, Monsieur le major! » (Oui, vieux Ludovic, moi aussi, maintenant, chaque fois que ma mémoire repêche*

1. André Gide-Roger Martin du Gard, *Correspondance,* Gallimard, Paris, 1968, t. II, p. 601.

une parcelle du passé, – même une parcelle qui a été pénible
à vivre : « C'était le bon temps! ») (II, pp. 945-946.)

Cette réponse qui vient tard et s'adresse à un interlocuteur
absent est profondément touchante, d'abord par ce « oui »
plein d'amertume du début, par le récit à la première
personne, et surtout par un grain de vérité humaine générale.
Les parenthèses se manifestent avec la même vigueur dans
Le lieutenant-colonel de Maumort, autant dans les Mémoires
que dans les lettres du personnage, qui constituent, par leur
nature, comme nous l'avons déjà dit à propos du journal
d'Antoine, l'endroit privilégié du regard introspectif et de la
mémoire involontaire. D'autant plus que l'auteur s'est mis
tout entier dans ce grand et dernier roman, avec son
expérience de la vie, ses élans, ses convictions, en dépit d'un
effort permanent et douloureux vers l'objectivité. Par sa
structure, ce roman hybride lui a permis cette grande liberté
de composition analysée avec finesse par André Daspre dans
son introduction. André Daspre signale la juxtaposition de
l'actualité et du souvenir et la diminution graduelle de
l'actualité en faveur du monde du passé. On dirait, en effet,
que Martin du Gard s'accroche aux valeurs anciennes devant
la menace de l'avenir incertain qu'il pressentait, les retours
en arrière, les avancées déterminant la coloration spéciale
des parenthèses spatiales et temporelles qui enrichissent la
trame narrative. Dans la plupart des cas, elles permettent des
plongées dans le passé, pour compléter brièvement un portrait,
comme dans l'exemple suivant :

> *La cruauté de ses traits satiriques s'accrut avec l'âge.*
> *Vers la fin de sa vie, déjà malade (je me souviens d'un*
> *séjour qu'il fit au Saillant en 1904, l'année avant sa mort,*
> *tandis que j'étais en garnison à Alençon) il s'abandonnait*
> *assez continûment à son aigreur.* (P. 317.)

Mais il arrive aussi qu'elles aient le rôle d'anticiper un fait, un événement, offrant à l'auteur la possibilité de ne plus revenir là-dessus.

> *Il s'était longuement entretenu avec le supérieur et rapportait du collège une impression favorable. (C'est à cette visite que je dois, vraisemblablement, d'avoir été, trois ans après, élève de Saint-Léonard.) (P. 101.)*

> *De même, elle avait souhaité avoir sa baignoire aux mardis du Théâtre-Français. (Quand je suis venu à Paris, elle l'avait encore, et j'en ai largement profité. C'est là que j'ai vu, peu à peu, tout le théâtre classique, et toutes les nouveautés du temps.) (P. 333.)* Etc.

Deux parenthèses, destinées à définir un mouvement vers les deux directions opposées, hier-aujourd'hui, servent à détailler l'altération du caractère d'Henriette, par un effet de contraste :

> *Le jeu d'Henriette avec Emma était vraiment trop vilain à voir et trop pénible pour moi. Ce qu'elle est devenue!, me répétais-je stupéfait. Et ce qui me déroutait le plus c'est de constater : 1° l'excessivité toute féminine de cette sorte de passion petite, mesquine (jusque-là, Henriette m'avait plu par sa mesure, par cette qualité si peu féminine de n'être excessive en rien), 2° l'inconscience qui lui permettait d'être telle, vis-à-vis d'elle et de moi (jusque-là, j'avais tant prisé chez Henriette cette belle lucidité qui n'épargnait rien, ni personne, qui n'avait pas épargné son père, qui ne m'épargnait pas, qui ne l'épargnait jamais elle-même).* (Pp. 675-676.)

Les propres réflexions de l'auteur, d'ordre politique cette fois-ci, semblent se dessiner dans une parenthèse qui élargit considérablement les limites temporelles. À propos de la

IIIe République, on peut lire dans une parenthèse le jugement suivant :

> (*Depuis cinquante ans et plus que j'assiste en France au spectacle de la vie politique, il n'y a pas une année où je n'aie pas entendu déclarer que l'État subissait une crise grave, que le régime était pourri. En réalité, la IIIe République inspirait confiance et sécurité.*) (P. 371.)

Cette parenthèse n'est pas sans en rappeler une autre, du même genre, insérée dans *Épilogue*, relative à un message de Wilson :

> *Le retentissement de ce discours dans chaque cantonnement de repos, dans chaque abri de tranchée! Tous si las de s'entre-tuer depuis quatre ans! (De s'entre-tuer depuis des siècles, sur l'ordre des dirigeants...)* (II, p. 924.)

Dans les deux cas, les micro-unités placées dans le texte apparaissent en quelque sorte comme un prolongement de la phrase qui les précède, se rapportant au même ordre de faits. On peut même se demander pourquoi Martin du Gard a usé d'elles, alors qu'il pouvait bel et bien s'en dispenser. Nous croyons que par les parenthèses de ce type l'auteur confirme, avec plus de force encore une vérité, une constatation qu'on ne saurait contester, aussi par la mise en page entre des signes typographiques spécifiques.

La Noyade, récit attribué à Xavier de Balcourt, renferme huit parenthèses, dont une de facture intertextuelle, destinée à compléter le portrait d'Yves, nous transporte à Berlin :

> *Cette gravité inattendue faisait penser − je n'exagère pas − à certains masques orientaux, à la douceur pensive, à la noblesse un peu douloureuse, un peu dramatique de certaines statues égyptiennes... (Je songe tout spécialement à la figure allongée, sereine et triste, encore enfantine,*

sensuelle pourtant de je ne sais quel pharaon adolescent,
dont le buste polychrome est au musée de Berlin.) (P. 445.)

Mais c'est surtout dans les lettres à Gévresin que ce type
de parenthèses a un relief exceptionnel. Bien qu'il ne s'agisse
pas d'un échange épistolaire, ces lettres touchent le destinataire (ce qui se reflète dans leur contenu), révèlent la
personnalité de celui-ci et glissent souvent sur la pente de la
confession et du journal intime, d'où les nombreuses rami-
fications spatiales et temporelles enregistrées aussi par les
parenthèses. À preuve l'exemple suivant, particulièrement
vibrant, axé sur un élément du décor, qui stimule l'activité
de la mémoire involontaire de Maumort, dans un double
mouvement spatial et temporel :

> *Avant de me coucher, hier soir, j'avais heureusement*
> *pris la précaution de bourrer de bûches mon grand poêle*
> *de faïence blanche (que tu connais très bien, sans t'en*
> *douter, car il ressemble comme un frère à celui de ta salle*
> *à manger, celui devant lequel nous bavardions si bien tous*
> *les deux, certains soirs d'hiver, quand tu avais pu décider*
> *les enfants du gendarme à nous rapporter de la Châtai-*
> *gneraie, quelques brouettées de bois mort; celui devant*
> *lequel, en septembre, te souviens-tu ? pendant cette inter-*
> *minable nuit qui a suivi le dernier de nos « conseils de*
> *guerre », nous avons maintenu le punch au chaud jusqu'à*
> *l'aube, sans lumière, sans oser bouger, le cœur battant,*
> *l'oreille au guet, en attendant le retour d'Antonin et de*
> *ses frères, que nous savions partis tous quatre au coup de*
> *main du pont de Bouessac ?). (Pp. 813-814.)*

On peut déceler, dans cette parenthèse, plusieurs niveaux
spatio-temporels, le tour interrogatif, l'art avec lequel Martin
du Gard introduit d'autres personnages et réussit à nous faire
participer autant à une scène agréable, au début, qu'à revivre
les moments de tension vécus par les maquisards.

En conclusion, on peut affirmer que les parenthèses de dislocation spatiale et temporelle, riches d'éléments inédits, fixent, dans la plupart des cas, la trajectoire d'une existence sur la toile de fond de la réalité socio-historique et dévoilent la subtilité avec laquelle l'auteur agence les divers plans narratifs, offrant une lecture sur plusieurs niveaux. Car au temps objectif et daté fait écho le temps subjectif, soumis aux caprices de la vie affective. On assiste ainsi, grâce à ce type de parenthèses, à un déplacement de l'intérêt vers les réactions intérieures des personnages, surtout d'Antoine et de Maumort, les plus proches de leur créateur, devenus foyers ouverts sur les autres personnages, sur des situations, événements, objets, perçus par leur conscience, le fil de l'action étant animé par ces parcelles qui suggèrent si bien les méandres de la vie intérieure. Les discordances spatiales et temporelles externes et internes restituent autant la complexité des relations propres à la vie réelle, que des arrière-plans psychiques capables de susciter l'émotion du lecteur.

L'espace réservé à cet article ne nous permet pas de reproduire quelques parenthèses glanées dans la correspondance de l'auteur, dans ses *Notes sur André Gide,* ni d'analyser celles, du même genre, décelées dans des romans tels *L'emploi du temps* de Michel Butor ou *Le parc* de Philippe Sollers, pour démontrer, d'une part, qu'elles représentent un trait caractéristique du style d'un écrivain désireux de fouiller les profondeurs des événements et de l'âme humaine, tout en évitant les développements fatigants, et, de l'autre, que par elles aussi, Martin du Gard s'inscrit dans l'effort, tout moderne, de traduire le langage intérieur des personnages et de rendre malléables les coordonnées spatio-temporelles, d'où cette sensation de vie intense dégagée par son œuvre.

Silvia-Olga Pandelescu
(Université de Bucarest)

JACQUES :
UN REGARD FRATERNEL

Après avoir fait la lecture des *Thibault* nous avons gardé dans nos souvenirs l'image d'un Jacques coléreux, avec les poings serrés dans ses poches, sa mâchoire carrée et son regard dur et mobile; et celle d'Antoine en train de recomposer son masque face au miroir; et quoi dire de Rachel nue sur son lit avalant un morceau de plum-cake! Et le visage de M. Thibault, immobile avec ses yeux fermés, un coup de colère mettant en mouvement toute sa figure. Et le corps rigide de Jenny ou la douceur du regard de Mme de Fontanin, ou la séduction du sourire de Daniel...

En réalité nous avions la forte impression que les personnages créés par R.M.G. possédaient quelque chose qui les faisait très attirants à nos yeux; l'auteur les avait entourés non seulement d'une personnalité, d'une âme, des idées, mais en plus il leur avait fourni un corps, un corps qui bougeait, transpirait, vieillissait et parlait; en un mot tous ces personnages étaient vivants.

Cette constatation nous a amenée à penser que R.M.G. avait accordé aux corps de ses personnages une grande importance et ce fait n'était sans doute pas gratuit; c'est pourquoi nous nous sommes proposé de faire une étude minutieuse de ces corps et de leur signification dans l'œuvre de R.M.G. Mais ici nous allons nous borner au regard de Jacques Thibault.

Les yeux et le regard jouent un rôle important comme

moyen de communication; c'est avec eux que nous entrons en contact avec le monde extérieur. L'homme va les utiliser comme régulateurs dans l'acte communicatif; de plus, c'est avec eux que nous pouvons transmettre un grand nombre de sentiments et d'émotions. Mais la première fonction des yeux est justement de regarder, voir. Pourtant regarder est un acte dangereux si nous faisons attention aux mythologies anciennes; pensons, par exemple, à Psyché, ou bien à Orphée, aux femmes de Barbe-Bleue, à la femme de Lot, et à tant d'autres; tous ces personnages ont été punis après avoir vu; et l'acte de voir se trouve en rapport intime avec le désir de connaître propre à l'être humain. Heureusement l'homme est curieux, il a besoin de connaître, de découvrir, de voir. Et, dans *Les Thibault,* la plupart des personnages regardent constamment la réalité qui les entoure. Ce qui nous conduit à parler d'un des aspects importants, du point de vue du regard, qui se trouve dans les œuvres de R.M.G., le thème du « voyeur », de celui qui regarde sans être vu, qui découvre des secrets qui, pour les autres, sont inaccessibles.

Peut-être faudrait-il préciser un peu plus le sens du mot « voyeur » : quand nous parlons de « voyeur », nous pensons à celui qui est en train d'observer, non avec une curiosité malsaine et avec des connotations érotico-sexuelles, mais qui regarde, qui appréhende constamment tout ce et ceux qui l'entourent, mais qui regarde sans être vu. A notre avis, il y a dans *Les Thibault* deux personnages qui pourraient être considérés comme des « voyeurs » : il s'agit de Jacques Thibault et de Mme de Fontanin; pour chacun d'eux, il s'agit d'un trait de leur personnalité.

Mais examinons maintenant seulement le regard de Jacques. C'est le seul qui mérite de la part de l'auteur une description si minutieuse. R.M.G. l'a doté d'un regard plein de force, face auquel il est difficile de rester indifférent. Non seulement il va nous offrir une description détaillée de son regard, mais avant même d'être connu par le lecteur, au moment où M. Thibault et Antoine sont en train de parler avec l'abbé Binet, celui-ci nous parle déjà des yeux de Jacques, de son regard agressif.

Dans cette figure plutôt ingrate, enlaidie par un semis de taches de son, les yeux d'un bleu dur, petits, encaissés, volontaires, avaient une vie saisissante, et leur regard était si changeant qu'il était quasi indéchiffrable, tantôt sérieux, puis aussitôt espiègle; tantôt doux, même câlin et tout à coup méchant, presque cruel; quelquefois se mouillant en larmes, mais le plus souvent sec, ardent et comme incapable de s'attendrir jamais [1].

L'aspect changeant du regard de Jacques est une caractéristique propre au personnage. René Garguilo, dans son livre *La genèse des Thibault,* nous parle des constantes psychologiques de Jacques Thibault; au moment où le lecteur fait sa connaissance il est un enfant, il connaît son adolescence et finalement sa jeunesse; pendant ces trois étapes de la vie de Jacques le personnage ne subit pas de changements essentiels comme il arrive à d'autres personnages, à Antoine par exemple.

Le regard de Jacques, lui aussi, est constant, le Jacques enfant du *Cahier gris* et le jeune homme de *L'été 1914* continuent à avoir dans le regard le même feu, la même passion et cet aspect changeant et quasi indéchiffrable. Ce « regard mobile » où des sentiments purs et contradictoires se succèdent nous frappe, nous lecteurs, comme il frappe les personnages qui affrontent son regard.

Jacques fixait sur Antoine ses yeux sans cesse changeants et qui, dans le même instant, durs et passionnés, devenaient douloureux, tendres, presque câlins [2].

1. *Le cahier gris,* in *Les Thibault I,* Gallimard, coll. Folio, 1972, p. 64.
2. *La Sorellina,* in *Les Thibault II,* Folio, 1972, p. 233.

Jacques Thibault est un personnage transparent, qui ne cache pas ses sentiments : on peut les lire facilement dans son regard. Et à Crouy, Antoine, avant même que Jacques arrive à dire tout son malaise, avait pu le lire dans ses yeux; aussi va-t-il manquer son train et faire parler son frère.

Mais peut-être la relation qui s'établit entre Jacques et Gise dans *La mort du père* est un des exemples les plus intéressants de la transparence du regard de Jacques. Le premier contact entre eux se fait à travers le miroir; ils ne vont pas se regarder directement, ils voient leurs images reflétées dans la glace. Le dédoublement de l'image porte avec lui une double réaction de la part des personnages et même du point de vue de la communication nous pouvons parler de dédoublement; ainsi, pendant leur courte relation, le canal de communication s'établit à deux niveaux : langage verbal et langage non verbal représenté par les mouvements des corps et principalement par le regard.

Le premier contact, donc, se produit par le regard et dans les yeux de chacun d'eux. R.M.G. nous fait remarquer l'une des caractéristiques de leur personnalité : la tendresse de la part de Gise et la rage de la part de Jacques.

> *Gise n'avait pas bougé. Dans son visage bistré ses grands yeux noirs et ronds, ses beaux yeux de chien fidèle, luisaient d'un tendre éclat qu'avivait la stupeur.*

> *Jacques pressait nerveusement l'appareil contre sa joue et, sans pouvoir détacher de la gracieuse apparition son regard absent qui ne laissait rien voir de sa sourde rage, il balbutiait* [1]...

La relation qui s'établit entre eux est courte mais très intense et, plus intéressants que leurs mots sont pour nous leurs regards; c'est justement par le regard que l'action

1. *La mort du père, ibid.,* p. 300.

avance. À leur première rencontre dans la chambre de Gise, Jacques va ignorer consciemment tous les gestes qu'elle va faire pour le retenir; ce non-regard est un refus de communication. Le jour où Gise ira dans la chambre de Jacques chercher une explication elle ne l'aura pas dans ses mots mais dans son regard.

> *... elle se détacha brusquement de lui et le regarda dans les yeux. Il n'eut pas le temps de lui dérober la sécheresse de son regard; et, cette fois, elle eut bien la certitude absolue que tout était révolu, irrémédiablement* [1].

Il suffit d'un regard pour que Gise comprenne, pour que tous ses rêves se déchirent. Les mots qu'ils vont utiliser pour établir entre eux une communication verbale seront anecdotiques, la vraie communication sera donnée par l'emploi que l'un et l'autre vont faire de leur regard.

Mais Jacques Thibault a non seulement un regard transparent et extrêmement expressif, c'est un personnage qui regarde constamment tout ce qui l'entoure : objets, personnes, paysages, visages. Le plus souvent son regard marque des distances; nous ne pouvons pas oublier qu'il est un être solitaire et c'est quand il est entouré de gens qu'il est plus seul que jamais; le lecteur, alors, a l'impression qu'il est situé hors du groupe.

C'est ce qu'il fait chez Packmell où, au lieu de participer à la fête, il va regarder comme un spectateur.

> *Sur tous ces gens, Jacques promenait un regard massif* [2]...

Mais il fait la même chose dans les réunions de la Parlote avec ses amis socialistes; on n'a jamais l'impression qu'il soit totalement intégré au groupe.

---

1. *Ibid.,* p. 337.
2. *La belle saison,* in *Les Thibault I,* Folio, 1972, p. 296.

> *Bien calé sur sa chaise, les bras croisés, la tête au mur,*
> *il laissa un moment son regard errer sur le groupe* [1]...

Être un grand observateur lui permet d'être en même temps un grand narrateur et pendant l'été de *La belle saison* il explique à Jenny le mariage de son ami Simon de Battaincourt; elle, fascinée par la « *belle histoire* », sera attirée par les yeux de Jacques et ce qu'elle observe dans son regard est en quelque sorte le point de départ de leur histoire d'amour.

> *Elle fit la remarque que le regard de Jacques n'avait*
> *plus cette lourdeur brutale qu'elle trouvait si antipathique,*
> *et même que ses prunelles claires, mobiles, expressives,*
> *étaient en ce moment d'une eau très pure* [2].

Et le regard va jouer dans leur relation amoureuse un rôle important; Jacques va la regarder constamment et va se servir de ses yeux pour lui transmettre tout son amour et toute sa tendresse. L'amour de Jenny produit chez Jacques un changement; même Meynestrel va s'en rendre compte; son regard a perdu une certaine anxiété. Cette sensation de solitude et de « dépaysement » qui l'a toujours accompagné, c'est elle qui les fait disparaître. Mais Jacques est un héros solitaire et dans son regard va se produire encore un autre changement important. C'est le jour où il a la révélation de son acte héroïque :

> *Jacques battait des paupières, comme aveuglé soudain*
> *par une éblouissante clarté [...] Jacques se taisait. Bien qu'il*
> *eût un visage exceptionnellement attentif, et une flamme*
> *dans le regard, il n'écoutait pas* [3].

1. *L'été 1914*, in *Les Thibault III*, Folio, 1972, p. 66.
2. *La belle saison*, in *Les Thibault I*, Folio, 1972, p. 296.
3. *L'été 1914*, in *Les Thibault IV*, Folio, 1972, pp. 329-332.

Jacques deviendra le héros solitaire qu'il a toujours été; dans ses projets il n'y aura pas de place pour personne, même pas pour Jenny.

Après l'accident, qui fait que son acte est inutile et gratuit, ne pouvant plus parler, il va se servir des yeux pour communiquer avec le monde qui l'entoure.

Jacques accepte d'un battement de cils [1].

Son regard remercie, comme celui d'un chien [2].

Ses yeux seront son dernier lien avec le monde des vivants et c'est au moment où il les ferme que la mort arrive. Disons encore que pendant cette période le lecteur a l'impression de voir la guerre à travers ses yeux, même les odeurs et les bruits nous arrivent à travers Jacques.

Nous avons déjà parlé du grand observateur qu'est Jacques Thibault; cette caractéristique fait de lui dans plusieurs occasions un « voyeur »; ce « voyeurisme », Jacques l'a directement hérité de R.M.G. Lui aussi était un voyeur; tout auteur transmet à ses personnages quelque chose de lui-même, et c'est Jacques qu'il a doté de cette faculté de voir, de regarder tout ce qui se passe pour pouvoir le décrire. André Daspre, dans son article « Le regard de Martin du Gard dans *Maumort* », nous parle de ce voyeurisme de Martin du Gard.

Regarder, observer, est pour lui une véritable occupation à laquelle il se donne tout entier. Que ce soit à la promenade, à la terrasse d'un café, ou caché derrière ses persiennes. Dans de nombreuses notes il dit son plaisir, sa passion d'observer, et, plus exactement de voir sans être vu [3].

---

1. *L'été 1914*, in *Les Thibault V*, Folio, 1972, p. 74.
2. *Ibid.*, p. 90.
3. André Daspre, « Le regard de Martin du Gard dans *Maumort* », *Revue d'histoire littéraire de la France*, n° 5-6, sept.-déc. 1982, Armand Colin.

Jacques ne va pas se cacher derrière les persiennes, mais il regarde toujours et il découvre tout au long du roman de nombreux visages démasqués, Jacques possède un flair spécial au moment de regarder les visages des autres. C'est lui qui va être le premier à découvrir le changement qui s'est produit dans le visage d'Antoine après avoir fait la connaissance de Rachel.

C'est lui encore qui découvre le secret de Jenny dans son visage, un jour qu'il la surprend toute seule.

> *Tout à coup, dans le trou qui se creusait entre deux potiches, il aperçut un visage, un masque grimaçant, suspendu dans le halo des bougies, une Jenny que la vibration intérieure défigurait. Et l'expression de ce visage était si dépouillée, si nue, qu'il recula d'instinct, comme s'il eût surpris la jeune fille dévêtue* [1].

Laisser tomber le masque du visage c'est quelque chose de dangereux; c'est laisser au découvert des secrets. Cette facilité que Jacques possède de lire dans le visage des autres lui permet de se rendre compte des transformations que les autres subissent. C'est Jacques encore qui découvre dans le visage nu d'Alfreda son secret intime.

> *La figure d'Alfreda n'était pas moins changée; une expression ardente, résolue, insolemment sensuelle, déformait et vulgarisait ses traits; on eût dit le visage d'une fille saoule* [2]...

Les quelques secondes que dure la vision du visage d'Alfreda pendant une manifestation vont lui permettre de découvrir le grand changement qui s'est produit dans sa vie et dans son visage. Alfreda a découvert le sexe, c'est cette

---

1. *La belle saison,* in *Les Thibault I,* Folio, 1972, p. 436.
2. *L'été 1914,* in *Les Thibault III,* Folio, 1972, p. 100.

découverte qui fait lire dans son visage la sensualité et c'est tout à fait naturel que Jacques le trouve vulgaire.

Regarder les visages des autres c'est quelque chose de naturel pour Jacques et c'est dans les visages des gens du peuple qu'il va chercher inutilement un sentiment de révolte après avoir lu l'annonce de la mobilisation. Jacques est un personnage chez qui le désir de voir, de connaître et de vivre est très important, il va se servir de son regard pour contacter, pour posséder tout ce qui l'entoure et très souvent c'est par ses yeux que le lecteur a l'impression de voir ce qui se passe.

Mais, de plus, Jacques a une âme d'artiste, trait qu'il a peut-être hérité de sa mère, dont nous savons qu'elle aimait la musique; et c'est sous cet aspect qu'il va regarder le monde : enfui à Marseille avec son ami Daniel, nous l'entendons s'écrier :

Ah! pouvoir décrire tout ça [1] *!*

Voilà son rêve, pouvoir décrire tout ce qu'il voit. Jacques Thibault va passer sa vie à regarder, sa soif de connaître, de savoir ne s'assouvira jamais. Nous voyons Jacques fermer les yeux rarement; ces yeux que R.M.G. a doués d'une force et d'une expressivité qui sont un trait caractéristique de sa personnalité et qui le rendent extrêmement attirant pour le lecteur.

Maria Montserrat Parra i Alba
(Estudi general de Lleida, Universitat de Barcelona)

---

1. *Le cahier gris,* in *Les Thibault I,* Folio, 1972, p. 88.

ROGER MARTIN DU GARD
EN CHINE

I

Il semble que Martin du Gard ne soit connu des lecteurs chinois que depuis quelques années. Pourtant, déjà au début des années 60, un jeune couple, WANG Xiaofeng et ZHAO Jiuge, avait entrepris la traduction des *Thibault*, roman cyclique de ce célèbre écrivain. Malheureusement, la « révolution culturelle » qui se déroula d'une façon dévastatrice pendant une dizaine d'années ravit leur plume. Ce n'est que vingt ans plus tard que, remis de ce « cauchemar », ils purent reprendre le travail et finir la traduction de cette brillante œuvre (du mois d'août 1984 au mois de mars 1985, la Maison d'édition de la traduction de Shanghai fit paraître leur traduction en trois volumes). Presque en même temps, la Maison d'édition de Lijiang (province de Guangxi) livra au public la collection « Œuvres des prix Nobel », où figurent en premier *Les Thibault*. Mais le livre a été traduit par un autre francophile, ZHENG Kelu. Cette édition en quatre volumes parut à partir de février 1984, et, au moment où j'écris ces lignes, le dernier volume vient de paraître. *Vieille France,* une nouvelle, elle aussi adaptée pour la télévision en France, fit également l'objet de l'admiration de nos traducteurs. Il en existe ainsi deux éditions chinoises : l'une est de GUO Hong'an et ZHAO Jian, publiée en 1985 par la Maison d'édition de la jeunesse de Chine dans la collection « Nouvelles françaises »; l'autre, de l'auteur de cet article, parue en 1986 dans le numéro 3 de la *Revue de la littérature étrangère contemporaine.*

En 1983 à Taïwan, on a assisté à la naissance en chinois des *Œuvres complètes des prix Nobel* (compilées par CHEN Yingzhen, la Maison d'édition Yuangjing) dont le volume 22 comprend *Jean Barois,* traduit par LI Yongchi. Les lecteurs du Continent chinois n'ont pourtant eu l'occasion de les lire qu'au début de cette année.

Dans tous les cas, cet illustre écrivain, dont les œuvres ont commencé à conquérir notre cœur, ne peut susciter en nous que le regret d'en faire une connaissance si tardive.

II

Hautement apprécié en Chine, le réalisme a pendant de nombreuses années nourri les lecteurs chinois. L'influence profonde que Balzac et Romain Rolland ont exercée sur les intellectuels chinois, notamment sur ceux de la génération précédente, est en effet telle que les lecteurs français auraient de la peine à se l'imaginer. Elle se prolonge aujourd'hui encore de manière que, témoin du « désastre culturel » du passé, on a tendance à lier l'esprit humanitaire, essence du réalisme, à l'appel de la nature humaine et à la recherche de la raison.

Il est donc naturel que lorsque nous lisons les derniers chapitres des *Thibault,* le journal d'Antoine éveille des résonances profondes dans notre for intérieur. Sa méditation, ses soucis, sa souffrance et ses aspirations, tout cela revêt un caractère bien particulier. À travers ces méditations et recherches, nous remarquons la conception de vie de l'auteur et le regard rétrospectif qu'il porte sur l'Histoire. « Tout comme une bête géante à la peau épaisse, les chefs-d'œuvre ont des dehors paisibles et méditatifs. » Et sous ces dehors paisibles et méditatifs se cachent l'impartialité des historiens, le calme des philosophes, la minutie des psychologues et, surtout, la conscience des artistes animés d'un esprit profondément humanitaire.

C'est justement pour cette raison que les lecteurs chinois trouvent que leur cœur et celui de R.M.G. battent à l'unisson.

III

Le style de Martin du Gard est d'une simplicité élégante. Il nous semble qu'il ne voulait laisser aucune trace du travail de l'écriture. Dans *Vieille France,* dont le style évoque un « dessin au trait », Martin du Gard nous offre un tableau représentant la vie d'un village français d'il y a plus d'un demi-siècle, peinture qui nous révèle avec un humour acéré l'égoïsme et l'ignorance des paysans... Ayant vécu à la campagne, l'auteur n'est sans doute pas étranger à cette vie. Il semble donc le mieux placé pour apercevoir la vivacité et l'ardeur des sentiments dissimulées derrière les banalités paisibles, de découvrir les larmes dissimulées derrière les rires bruyants, tant il avait une vue perçante, hors du commun. Pareil à un éminent caricaturiste, il prend une attitude calme et objective pour nous peindre les détails d'une vie rurale dans un style si dégagé et si élégant que brusquement une « vieille France » jaillit de sa plume. Aucun lecteur, pas même celui d'aujourd'hui se trouvant dans un pays lointain, ne saurait rester insensible à l'atmosphère étouffante qui s'en dégage.

Professeur de mathématiques et toujours amateur de littérature, l'auteur de ces lignes s'est laissé charmer par le style que dénote la *Vieille France,* style satirique et mordant qui se cantonne à un langage simple, un langage à la portée de tout le monde. Ce « simple album de croquis villageois » m'a bien touché en me rappelant l'*Histoire anecdotique des lettres*, un des romans chinois classiques les plus célèbres. Un vif désir est né de raconter tout cela aux lecteurs chinois à la manière de Martin du Gard. Ainsi, à titre d'essai, ai-je traduit cette nouvelle.

IV

En Chine après « l'ouverture » vers l'extérieur, la génération des jeunes écrivains est en train d'approfondir ses réflexions sur la voie de la création littéraire. Ils ont le sentiment que « le cœur attend sa sortie », qu'ils « ont besoin de mettre au point une nouvelle longueur d'onde afin d'émettre une autre sorte d'informations qu'ils reçoivent tous les jours et qu'ils ne savent jamais émettre ». En même temps, les lecteurs formés dans l'esprit du réalisme, si l'on peut dire, commencent à se rendre compte que la notion qu'ils en avaient était loin d'être complète.

Dans ces conditions, la lecture des œuvres de R.M.G. les amène à constater un fait intéressant : tout en continuant le style réaliste traditionnel, cet écrivain se plaisait à employer de nouveaux procédés littéraires, comme le symbolisme et le courant de conscience. Parfois, l'auteur des *Thibault* décrit un détail sous des angles différents. Ainsi, Jacques, personnage du roman, écrit une nouvelle intitulée *La Sorellina*, relate en résumé sa famille et son amour, mais le choix des événements et le style de la langue en sont tout à fait différents de ceux que l'on trouve dans le récit assuré par l'auteur. Ce qui ressemble en quelque sorte aux peintres impressionnistes versés dans l'art de peindre sous des lumières différentes la même église ou la même meule de paille.

Par conséquent, en tant qu'héritier de la tradition réaliste, R.M.G. nous a donné cette nouvelle inspiration : comme procédé littéraire visant à peindre le réel et à décrire minutieusement et objectivement les êtres individuels, le réalisme est en train de se transformer et de se développer en réalisme « polyvalent ».

Nous sommes persuadé qu'à mesure de la parution des traductions des œuvres de R.M.G., de plus en plus de lecteurs chinois regarderont ce grand écrivain comme leur ami intime.

ZHOU Kexi
(Université de la Chine de l'Est, Shanghai)

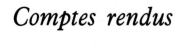

Comptes rendus

Correspondance Eugène Dabit-Roger Martin du Gard, I : *1927-1929*, II : *1930-1936*, édition présentée par Pierre Bardel, Éditions du C.N.R.S. – Centre Régional de Publication de Toulouse, 1986, 839 p.

Il s'agit là de l'édition savante des lettres échangées par R.M.G. et E. Dabit, de 1927, au moment où André Gide confie à l'auteur des *Thibault* le soin de répondre à l'attente passionnée du jeune Dabit (il n'a pas trente ans) en train de composer ce qui deviendra *L'Hôtel du Nord*, jusqu'en 1936, date de la mort d'E. Dabit en Crimée, au cours du voyage qu'il faisait avec A. Gide en U.R.S.S.

Pierre Bardel sait tout des deux hommes durant ces années où s'établissent entre eux des liens de confiance puis d'amitié. Une introduction remarquablement documentée fait revivre, sur près de 150 pages, l'évolution des rapports entre l'écrivain confirmé qui accepte de jouer un rôle probablement décisif dans le « merveilleux chantier » que constitue, en 1927-1928, *L'Hôtel du Nord*, et le jeune écrivain, attentif et passionné, mais qui regimbe parfois devant les exigences et les critiques de son aîné. Les étapes sont bien marquées, qui conduisent de l'époque privilégiée du « travail » sur les manuscrits d'*Hôtel du Nord* et de *Petit-Louis* à la dernière rencontre d'avril 1936 en passant par les moments où les liens entre les deux hommes, pour des raisons diverses, se distendent quelque peu : ainsi lorsque Dabit, à partir de 1930, subit l'influence des écrivains « prolétariens » et notamment Henry Poulaille; ou encore lorsque se pose à lui le problème de l'engagement politique.

253 lettres sont reproduites, décrites et annotées avec une précision remarquable par Pierre Bardel. Peut-être la masse des notes entrave-t-elle quelque peu la lecture, parfois... Il y a là en tout cas un modèle d'apparat critique, que viennent compléter les 100 pages finales consacrées aux annexes, chronologies, bibliographies et index!

R.M.G. a écrit 110 de ces lettres, presque la moitié donc, mais qui occupent à peine le tiers des pages consacrées dans le livre aux lettres elles-mêmes! C'est qu'en effet Dabit a la première place : ce sont ses problèmes, ses choix, ses progrès et son évolution qui sont ici en cause. C'est là sans doute une des sources essentielles de l'intérêt du livre.

Mais si R.M.G. n'apparaît, dans cet échange, qu'à la façon d'un mentor précieux, bientôt devenu un ami sincère, le lecteur attentif ne peut manquer d'être sensible à l'espèce d'art poétique qui se dégage de ses lettres et dont il peut trouver confirmation dans tant d'autres échanges avec des correspondants aussi différents que M. Jouhandeau, C. Aveline ou J.-R. Bloch par exemple. Comme il se livre lui-même, assurément – et je me limiterai à ces lignes – dans la lettre qu'il envoie à Dabit le 18 janvier 1928!

Ce qu'il faut, ce n'est pas penser à son texte, à son œuvre, à son développement. Pas du tout! C'est penser à la chose qu'on veut représenter. Et cela, intensément; jusqu'à ce que l'imagination évoque la scène, le geste, comme si on l'avait sous les yeux. Celui-là, et aucun autre. Alors, une fois qu'on voit avec précision le modèle, les mots jaillissent pour copier ce qu'on voit [...]. Pressez votre faculté imaginative jusqu'à ce qu'elle projette l'image sur l'écran. Et vous, restez passif, attendez, ne faites pas travailler l'intelligence, évitez la fabrication, attendez que l'image soit bien au point; et alors copiez *ce que vous voyez :* la réalité.

Remarquons pour finir que nous avons là un livre précieux comme sont et seront précieuses les correspondances croisées qui viennent et viendront enrichir, développer, nuancer la « monodie » épistolaire que constitue la *Correspondance générale* de Roger Martin du Gard.

Jean-Claude Airal

Roger Martin du Gard, *Correspondance générale*, III, *1919-1925,* édition établie et annotée par Jean-Claude Airal et Maurice Rieuneau, Gallimard, Paris, 1986, 520 p.

Ce troisième volume couvre les années 1919-1925. Revenu à la vie civile, après une « *interminable convalescence* », R.M.G. finit par reprendre pied. Nous retrouvons les amis et les correspondants que les volumes précédents nous avaient fait connaître. Très vite le cercle s'élargit. Cela nous vaut de rencontrer de nouveaux personnages, dont ce si curieux lieutenant-colonel Mayer, « *un as dans l'épluchage typographique, et grammatical, et syntaxique* », qui deviendra le correcteur d'épreuves du romancier.

L'on découvre un R.M.G. en marge de la *N.R.F.* : ami, abonné, mais peu intéressé par la revue, où il n'écrira « *en dix ans que trois notes* », qui ne lui valurent que des ennuis! Il est réservé à l'égard de J. Rivière, et trouve saugrenue son idée de consacrer un numéro spécial à Proust, après la mort de celui-ci. On lit avec étonnement la lettre du 25 novembre 1922, où R.M.G. prévoit qu'« *avant trente ans, ce qu'il y a de foncièrement médiocre et de* cuistre *dans l'œuvre de Proust en rendra la lecture* impossible; *plus impossible que celle de Bourget!* ».

Au fil de la correspondance on retrouve l'homme et

l'écrivain. L'homme qui essaie de voir clair dans le monde de l'après-guerre, toujours peu assuré de ses positions, et qui, le 20 décembre 1923, s'en tire en répondant à Michel Alexandre : « Je suis un romancier, *cher Monsieur, rien d'autre qu'un romancier.* » Mais, en 1925, il hésite à propos de l'appel de Barbusse sur la guerre du Maroc : prendre parti ou non ? L'homme encore qui, tout au long de l'année 1924, plonge « *dans les pires ténèbres* » : la grave opération de sa mère, les fatigues de sa femme, la mort de son père, enfin l'horrible calvaire qu'endure sa mère avant de mourir. L'homme qui, par ailleurs, achète Le Tertre à son beau-père, engage des travaux considérables et réorganise sa vie matérielle afin de permettre à l'écrivain de travailler dans les meilleures conditions.

Cet écrivain, nous le voyons à l'œuvre. Ce sont *Les Thibault,* jusqu'à *La belle saison,* et un romancier qui s'interroge sur son art, explique ses principes esthétiques, dialogue avec les critiques. On le suit encore dans son travail littéraire : *La gonfle* l'accapare plus de temps qu'il ne le prévoyait. Il en parle longuement à Louis Jouvet dont, par ailleurs, il apparaît le mentor ; il le tance parfois vertement ; mais il accepte d'adapter pour lui une pièce anglaise qu'il juge cependant « *é-xé-cra-ble* ». L'écrivain est aussi le lecteur attentif et critique de Jouhandeau, de Duhamel ; il analyse leurs œuvres et les discute avec franchise. Il juge toujours en pleine liberté. Qu'on lise la lettre à Mme Mayrich, du 5 février 1924, à propos de *Si le grain ne meurt.*

Le lecteur comprendra, à travers ces brèves remarques, quel intérêt présente cette correspondance, qu'il faut lire en y insérant les autres correspondances déjà publiées (avec Bloch, Copeau, Gide), et en regrettant de ne pas assister au dialogue complet avec les autres écrivains, comme Duhamel et Jouhandeau. Ici nous n'entendons qu'une voix ; espérons pouvoir bientôt entendre les autres ! Et remercions les responsables de cette édition de poursuivre ce travail de longue haleine et d'avoir fourni un très utile index des noms ;

souhaitons que s'y ajoute un index des œuvres, qui rendra la consultation plus commode.

Cette correspondance est complétée par 48 pages de notes qui éclairent bien des allusions. À leur sujet me permettra-t-on quelques petites remarques? P. 216 une note aurait dû identifier le « Schmidt » dont il est question, qu'il ne faut pas confondre avec le musicien Florent Schmitt, comme le fait l'index; il s'agit d'Albert-Marie Schmidt, que l'on voit sur la photo « La Décade littéraire à Pontigny (1923)» dans la *Correspondance* A. Gide-R.M.G., p. 8 des documents photographiques. P. 217, quel était ce « prix annuel des Belles Lettres » sur lequel R.M.G. s'interroge, et le lecteur avec lui? P. 265, l'Appel *Pour les malheureux d'Allemagne* est dû à l'initiative de R. Rolland, comme le montre la correspondance entre celui-ci et Michel Alexandre. La rédaction de la note 2 de la p. 387 ne laisse-t-elle pas entendre, à tort, que le *Liber Amicorum* n'a pas été publié? P. 393, quel est le titre de la brochure de Barbusse? Quand ont été publiées les réponses à l'enquête de *Clarté*? Broutilles, il est vrai, que ces quelques remarques, au regard de l'immense travail que représente l'établissement d'une pareille correspondance [1].

Bernard Duchatelet

---

1. Curieusement, on ne trouve pas dans ce volume de lettres à Jean Paulhan. Cependant deux, au moins, sont attestées. L'une par la lettre de R.M.G. à G. Gallimard du 26 février 1925, à propos du numéro spécial sur J. Rivière (« *J'ai répondu à Paulhan que je n'avais rien à dire* »). L'autre par une réponse de J. Paulhan du 20 septembre 1925 (« Cher Monsieur, votre lettre est si absolument injuste... [J. Paulhan, *Choix de lettres,* I, Gallimard, 1986, p. 99]).

Peter M. Cryle, *Roger Martin du Gard ou De l'intégrité de l'être à l'intégrité du roman,* Minard, Lettres Modernes, Paris, 1984.

Conjectural et sujet à caution est le rapport de l'œuvre à son auteur – nous le savons depuis Sainte-Beuve; répréhensible et contestable – Proust nous l'a rappelé. Parce que ce rapport s'entend communément sur le terrain de la psychologie. C'est le mérite de Peter M. Cryle que d'avoir su le déplacer et le situer sur un registre où il convient éminemment à Roger Martin du Gard : celui de l'*exigence* de l'auteur à la *réalisation* de l'œuvre et à l'équilibre où celle-ci se doit d'atteindre (p. 52) – « *aucune transformation de moi ne peut me rebuter, si c'est pour l'amélioration de l'œuvre* », dit Martin du Gard (p. 12); celle-ci « *exige un don total* » (p. 24); « *il faut* » s'y « *donner sans partage* » (p. 24).

Intégrité, tel serait donc le dénominateur commun de l'homme et de l'œuvre; plus que le dénominateur, le point de confluence où l'auteur, dans son œuvre, donne l'image la plus précise de ce vers quoi il tend (p. 73) et où, de son côté, l'œuvre fait découvrir l'itinéraire, point par point, et l'effort par lequel – attesté dans les manuscrits et la correspondance – un homme « *construit* » (p. 44) ce qu'il veut faire et être. *Faire,* chez Martin du Gard, et *être* qui se conjuguent (p. 207) et sont justement l'*œuvre.* Dans son élaboration générale, sans doute, mais dans les personnages, quels qu'ils soient, aussi, qui en décrivent, chacun sur son registre propre, une manière singulière, une difficulté, une « fidélité » unique à soi. « *Fidélité* » est décisive (p. 15, 45 *sq.*) : parce qu'elle est ce que nous sommes et, dans le même temps, inséparablement, la tension constamment maintenue pour rester au plus proche de soi et en pousser plus loin et plus précisément la configuration. Par rigueur, discipline (p. 73). Assurément, il y a le doute. Et c'était la délectation – ou le talent – de Gide (p. 54-57) d'y rester en balance (p. 67); pour Martin du Gard, ce n'est là qu'un moment (p. 50-51), un passage, trop souvent obligé quelquefois, mais dont le sens, la fin, ne sont que pour « *s'intégrer* » davantage (p. 27) à l'« *aspect perfectif* » (p. 27) où il faut s'efforcer. D'où les idées d'« *énergie* » (p. 17-18), de persévérance (p. 43); de « *ligne* » que l'on se doit de suivre sans concession (p. 78) et sans fléchissement (p. 49-54). Ce qui suppose et qui requiert évidemment que l'on se connaisse et, là, sans tricherie aussi (p. 58-63, p. 70) : au fond (p. 58) et dans l'essentiel (p. 63). Non pour le seul plaisir de la curiosité : pour ce qu'on se prépare à entreprendre (p. 70-71, p. 74, p. 82); et qui demande une idée claire de ce que l'on peut – de ses limites (p. 86) : points de retour (p. 77, p. 84), points de départ (p. 87); évacuation des illusions et des mirages – métaphysiques notamment (p. 89-93). La seule et grande affaire est de *lucidité* (p. 96) : pour soi, pour ce que l'on veut faire – il n'y a pas de différence. Car c'est sur les deux à la fois, l'un s'appuyant sur l'autre, le rectifiant et le définissant, que s'édifie lentement, épreuve sur épreuve (p. 101-102) cette *intégrité* (p. 104) qui est d'autant plus forte et qui, pour le lecteur ou le témoin s'impose avec d'autant plus de solidité qu'elle est inséparablement d'un homme qui se met en place, en forme, dans l'équilibre de son œuvre (p. 123) : « *une œuvre* » et « *une vie préméditées* », nous dit Martin du Gard (p. 125).

Mais œuvre, c'est réalisation – architecture (p. 62, p. 106) et construction (p. 163) ou reconstruction, comme du Tertre

(p. 123) – qui *fait réel* ce qui est réel ou *rend réel* ce qui, autrement, ne l'eût été que mal et insuffisamment (p. 137, p. 142, p. 152). De là, tout un réseau de considérations qui circonscrivent assez bien l'univers de Martin du Gard : voir et donner à voir : copier; mais créer, par là même (p. 146) : *« faire de la vie et rien que ça »,* dit Martin du Gard (p. 128); ce qui suppose à la fois une *« cohérence »* (p. 9) des choses et le souci pour l'auteur de s'effacer devant, de n'être que regard (p. 153-154) devant un *« spectacle sans point de vue »* (p. 155-161) – et de se constituer, là-dedans, en *« historien de l'imaginaire »* (p. 131), mais d'un imaginaire et d'un réel desquels, contrairement à ce qu'on a trop souvent reproché à Roger Martin du Gard, n'est pas exclue cette part de *« mystère »* (p. 178-189) qui fait la profondeur et l'épaisseur d'un personnage. Tout cela est bien rendu et fort bien établi. Cependant, si dans cette troisième partie de l'ouvrage, les analyses se suivent avec intérêt, peut-être donnent-elles l'impression, parce que moins serrées que dans les deux premières, de dériver légèrement par rapport au projet initial.

Limites, disait-on tout à l'heure : circonscrites dans l'effort, la résistance; approchées par lucidité; inéluctables, indépassables, comme la mort – et concluantes (p. 191-194), de ce fait. C'est-à-dire limites qui décident où dont on peut quelquefois décider (p. 195); dont on peut faire, à proportion qu'on le choisit (p. 195), le dernier *acte* de sa vie (p. 195-199) mais qui n'est pas, pour autant, si facile. À juste titre Peter M. Cryle insiste sur la difficulté de cette épreuve – lente par le vieillissement. On peut cependant s'étonner qu'il ne se soit pas arrêté, comme on était en droit de s'y attendre, au « moment » de la mort : car mort, c'est agonie, combat qui peut être long, de la bête contre ce qui la brise. Et l'on sait qu'avec la mort de la Grand'mère, chez Proust, celles d'Octave et de Jacques Thibault, de Jean Barois, on a, chez Martin du Gard, les textes les plus saisissants de notre littérature sur cet article.

Au total, le livre refermé, on se doit de souligner une

indéniable justesse de ton; une fidélité à l'esprit de Roger Martin du Gard; un souci de références nombreuses et pertinentes; le caractère enfin rigoureux et, le plus souvent, convaincant de l'analyse.

Alain de Lattre

Renée Fainas-Wehrmann, *L'art de Roger Martin du Gard dans « Les Thibault »*, Summa Publications Inc., Birmingham (Alabama), 1986, 123 p.

Ce petit livre ne prétend pas tout dire sur un aussi vaste sujet, ni apporter des vues absolument neuves. Il cherche plutôt à expliquer un plaisir de lecture, en repérant quelques-uns des moyens par lesquels R.M.G. entraîne son lecteur dans l'univers imaginaire du roman, l'intègre à lui et le lui fait ressentir comme sien. Là est la perspective centrale. Pour analyser les techniques et les composantes de l'art du romancier, R. Fainas-Wehrmann se fie davantage à ses impressions de lectrice qu'à des modèles théoriques a priori : ni grille systématique, ni jargon, ni rien de pédant, mais la volonté de saisir des effets de « vie » créés par les mots et leur organisation. Grant Kaiser souligne, dans son avant-propos, que cette démarche peut paraître un défi à la critique moderne, mais qu'il n'en est rien. Elle exclut, en effet, le pur et simple impressionnisme critique par une grande attention portée au texte et à sa substance verbale.

L'étude s'organise en quatre chapitres qui portent sur l'art du récit, les éléments dramatiques, les décors, le rôle des objets et la présentation des personnages. Le premier chapitre examine quelques techniques narratives : analyse interne, monologue intérieur, description extérieure. Ces pages ne

manquent pas d'intérêt, et apportent des vues rapides mais
suggestives sur l'omniscience, dans son rapport avec l'effa-
cement du narrateur, sur le monologue intérieur, les lettres,
le récit dans le récit (*La Sorellina*) en particulier. On ne peut
cependant s'empêcher de penser que le recours à un modèle
d'analyse du récit, comme celui de Genette, donnerait beaucoup plus de cohérence et de précision, sans nuire en rien
au propos de l'auteur. Le ton admiratif, s'il est sympathique,
ne remplace pas la rigueur d'une méthode, qui manque un
peu. Le chapitre suivant propose de bonnes analyses sur
certains procédés de dramatisation : lettres de l'*Épilogue* qui
concluent des destinées, ou lettres produisant des coups de
théâtre, scènes de rencontre inattendue, de confrontation,
incidents, catastrophes, etc. Les techniques du mystère, de
l'énigme, de la surprise font aussi l'objet de pages judicieuses,
toujours appuyées sur des textes précis. On ne trouvera pas
dans ce livre de relevés exhaustifs; les moyens de dramatisation du roman sont examinés d'après quelques exemples
significatifs, qui permettront au lecteur de retrouver des faits
analogues ou voisins. C'est encore à partir d'exemples caractéristiques qu'est envisagé l'art de suggérer les décors, dans
le troisième chapitre. Ces pages, parmi les meilleures du
livre, étudient l'évocation des paysages naturels ou urbains,
les effets de mise en scène cinématographique, avec un
monument qui va du général au particulier, la valeur suggestive ou symbolique des choses et du décor, qui font
impression sur les personnages et sur le lecteur, la signification
de l'espace et de son organisation, les correspondances entre
espace et personnages. Cette étude tend à montrer que
paysage et état d'esprit forment, dans *Les Thibault*, un « tout
spirituel », que les sensations multiples concourent à créer
des « atmosphères situations » d'ordre poétique, et que R.M.G.,
comme Proust (mais le rapprochement n'est pas fait), restitue
par son roman des impressions vécues par les personnages et
les fait éprouver au lecteur. Une belle formule définit cet art
de la suggestion : « une limpidité qui envoûte lentement le

lecteur » (p. 75). Le dernier chapitre, consacré bizarrement à la fois aux objets et à la présentation des personnages, ne nous semble pas le mieux venu. Les pages qui traitent des objets répètent un peu ce qui a été dit des sensations et l'étude sur les personnages est vraiment trop rapide et sommaire pour être efficace. Mais les considérations sur les noms, sur les tics et caractères physiques récurrents ne manquent pas d'originalité.

Sans rien pousser à fond, ce livre ébauche, suggère, stimule. Sa méthode souple, guidée par l'intuition, l'abondance des exemples, des citations, des rapprochements, invite le lecteur à poursuivre l'étude des *Thibault* suivant les pistes qu'il ouvre ou retrouve. Le ton est celui d'une admiratrice qui cherche à comprendre les raisons de son plaisir. On regrette que la lecture soit parfois gênée par des coquilles imputables sans doute à un typographe peu familier du français, et par quelques maladresses de langue.

Cette promenade à travers *Les Thibault,* qui n'a rien d'une exploration méthodique, a le charme et l'intérêt d'une visite amicale à des lieux longtemps fréquentés et aimés.

Maurice Rieuneau

Bernd Hagenau, « *Deux jours de vacances* » *von Roger Martin du Gard* (*Text. Genese. Analysen*), Saarbrücken, 1986, 2 vol. de 186 et 396 pages.

B. Hagenau a, sous la direction du professeur J. Schlobach, le codirecteur de notre Centre, composé un travail de doctorat en deux volumes dont l'un constitue la thèse proprement dite et l'autre une édition de *Deux jours de vacances*. Dans ce second volume, B. Hagenau a joint au texte de Roger Martin du Gard des Notes prises par l'écrivain après un entretien avec Copeau, une lettre de Maurice Ray après lecture de la pièce, et un projet de réponse de Roger Martin du Gard à cette lettre. L'édition elle-même me paraît avoir été très soigneusement établie; si l'on ne dispose, pour la première version de 1915 (intitulée *Près des mourants*), que d'une copie au net, les divers états de la seconde version sont distingués par B. Hagenau qui a retranscrit les variantes en note. Il s'agit là d'un apport précieux et l'on se réjouira de cette intéressante publication.

L'existence de cette pièce avait été signalée par C. Sicard (cf. sa thèse, p. 632-633); une étude topique et intéressante en avait été donnée par B. Alluin qui avait exploité une abondante documentation, mais dans le cadre restreint d'un article d'une quinzaine de pages (R.H.L.F., 1982, n° 5-6). Avec le travail de B. Hagenau c'est l'ensemble des dossiers déposés à la Bibliothèque nationale qui est systématiquement exploré, largement cité, commenté et analysé. La transcription des manuscrits me paraît fiable et très consciencieuse [1].

L'argumentation est solidement construite. Le premier chapitre situe la genèse de la pièce dans la vie de Roger Martin du Gard et dans la perspective du développement de son art; les deuxième et troisième chapitres reprennent l'étude de la genèse pour chacune des deux versions, présentent l'analyse de tous leurs personnages et de l'action, acte par acte, le troisième chapitre mettant évidemment en valeur les changements opérés sur la version primitive. Dans le quatrième chapitre les thèmes principaux de la pièce (religion, morale, thèmes de l'affranchissement, de la vocation et de l'échec, de la femme, du suicide et de l'euthanasie, de la mort) sont examinés dans leurs relations avec l'œuvre entier de Roger Martin du Gard. Le cinquième chapitre met la pièce en rapport avec l'évolution du théâtre à la fin du XIXᵉ siècle et au début du XXᵉ; sont en particulier évoqués et étudiés les effets qu'ont pu exercer sur Roger Martin du Gard le « théâtre d'idées » de F. de Curel, l'œuvre d'Ibsen, l'adaptation des *Frères Karamazov* (par J. Copeau et J. Croué).

Mes critiques porteraient plutôt sur la manière que sur la matière : voulant être exhaustif, B. Hagenau se condamne parfois à la lenteur et il est amené, par sa conscience même, à développer longuement ses analyses. Mais les compliments l'emporteront de beaucoup. La comparaison des deux versions (p. 259 *sq.*) est pertinente et les jugements sont bien motivés; les nombreuses mises en rapport avec les autres ouvrages de Roger Martin du Gard (en particulier avec *Jean Barois* et avec *Maumort*), avec *Le canard sauvage* et *Les frères Karamazov*, et enfin les conclusions générales, sont précises et

---

1. Je signale cependant une erreur (p. 28, dans la citation de Copeau, lire : Je *le* trouve...) et mes doutes sur quelques lectures : p. 56 (seconde citation de Roger Martin du Gard), ne doit-on pas lire *compréhensive* au lieu de *compréhensible*? p. 59 (seconde citation) essa*y*a? p. 61 vous n'entendrez, p. 69 (seconde citation) donn*a*? Ce sont là des vétilles.

justes; la bibliographie des travaux consacrés à Roger Martin du Gard est bien connue. Voilà un excellent travail, intéressant et utile.

Claude Digeon

David Priestley Wainwright, *The Theatrical Temptation : Jacques Copeau's Influence on R. Martin du Gard (1913-1920)*, thèse de l'Université Southern California, nov. 1985, 228 p., multigr.

Le projet de D.P.W. est d'examiner les relations entre Copeau et R.M.G. depuis leur première rencontre, en 1913, jusqu'au « break » de 1920. Ces limites de l'étude se justifient facilement puisque, après les désaccords de 1919-1920, l'association, sinon l'amitié, des deux écrivains est rompue ; de plus, quand D.P.W. rédigeait sa thèse, la publication de la *Correspondance générale*, très importante source d'informations, s'arrêtait à l'année 1918 et il était donc difficile de poursuivre l'étude au-delà. On remarque aussi que D.P.W. se place strictement au point de vue de R.M.G. ; les citations de Copeau sont bien choisies, éclairantes mais peu fréquentes – et la bibliographie de Copeau se réduit à deux titres de livres.

Dans les deux premiers chapitres, D.P.W. rappelle que R.M.G. a rencontré Copeau juste après l'achèvement de *Jean Barois*, à un tournant de sa carrière d'écrivain. Dès qu'il connaît Copeau, R.M.G. lui donne son amitié avec un véritable enthousiasme. Copeau décèle quelque naïveté dans l'admiration qu'a pour lui son cadet. Alors que R.M.G. lui déclare : « *Nous nous ressemblons beaucoup* », Copeau rectifie :

« Nous nous ressemblons un peu » (p. 40-41). Quoi qu'il en soit, l'amitié entre les deux hommes est franche, forte et, dès l'hiver 1913-1914, R.M.G. se lance dans l'aventure du Vieux-Colombier avec une foi admirable. Éloignés par la guerre, les deux amis restent cependant en relations étroites. Copeau estime que R.M.G. est « un auteur de théâtre-né » et l'encourage à écrire pour le Vieux-Colombier (p. 109-110). R.M.G. va d'abord travailler à un drame « ibsénien », *Deux jours de vacances,* puis, ce projet ayant échoué, il invente une nouvelle forme de comédie, la Comédie des Tréteaux. Pendant ces années-là, R.M.G. a donc orienté toute son activité vers le théâtre et D.P.W. montre que la critique a eu souvent le tort de sous-estimer l'importance des tentatives dramatiques de R.M.G. dans cette période. Cette erreur d'appréciation peut s'expliquer par le manque de documents (la *Correspondance générale* n'est parue que récemment) et aussi par une distorsion des faits opérée par R.M.G. lui-même dans ses *Souvenirs :* en 1955, vers la fin de sa vie, quand R.M.G. écrit ses *Souvenirs,* il est – pour lui-même et les autres – avant tout un romancier; il choisit alors de nous parler essentiellement de ses œuvres romanesques et très peu de ses œuvres dramatiques, au point d'oublier *Leleu* qui eut pourtant un grand succès. Si, au contraire, on consulte les lettres de R.M.G. qui datent de son association avec Copeau, on voit bien qu'il a délaissé le roman pour se consacrer entièrement au théâtre. C'est seulement lorsque Copeau a refusé ses projets de drame ou de comédie que R.M.G., profondément déçu, revient au roman.

La thèse de D.P.W. est présentée avec autant de clarté que de rigueur; elle apporte donc un nouvel éclairage, des précisions très utiles sur une période importante de la vie de R.M.G. Mais D.P.W. a voulu seulement apporter une « contribution à la biographie » de R.M.G.; on ne trouvera donc pas dans son étude une analyse des œuvres elles-mêmes. La thèse de B. Hagenau sur *Deux jours de vacances* (dont C. Digeon rend compte ici même) vient heureusement compléter – et, à beaucoup d'égards, confirmer – celle de D.P.W. Une autre thèse, celle de Brian S. Pocknell sur *R.M.G. et le théâtre* (Paris, 1970), avait déjà ouvert la voie des études sur la « tentation du théâtre » qui s'est manifestée chez R.M.G. toute sa vie.

André Daspre

Théorie du roman et problèmes de l'histoire dans la correspondance de Roger Martin du Gard (1920-1930).

La thèse que j'ai présentée sous ce titre à l'Université de Leningrad (avril 1987) concerne l'évolution intellectuelle et esthétique de Roger Martin du Gard dans l'entre-deux-guerres. C'est la correspondance du créateur des *Thibault* avec A. Gide, J. Copeau, J.-R. Bloch et certains autres correspondants qui a été choisie comme source documentaire. J'essaie de proposer une nouvelle interprétation de l'esthétique de Martin du Gard en tenant compte de sa position sociale et de l'ensemble de ses idées sur l'histoire.

Le chapitre I est consacré à l'étude de la conception du monde de Martin du Gard, de sa réaction aux événements politiques de 1920-1930 en liaison avec le climat littéraire et social de l'époque. Les thèmes suivants sont abordés : fonction de la littérature, rôle et statut social de l'écrivain, littérature et politique. Je fais une analyse détaillée des oscillations contradictoires de Martin du Gard entre son orientation intellectuelle « de gauche » et son hérédité bourgeoise, « l'atavisme de la race ». Bien que ces oscillations n'amènent pas Martin du Gard à l'engagement politique, elles déterminent le tournant décisif de son œuvre au début des années trente.

Le chapitre II présente l'étude de l'art du roman de Martin

du Gard et, dans sa deuxième partie, de ses recherches ardues de nouveaux critères esthétiques. *Les Thibault* sont devenus une sorte de laboratoire expérimental dans lequel le romancier élaborait sa méthode créatrice. À ce propos, le dialogue épistolaire entre Martin du Gard et Gide acquiert une importance toute particulière en tant que confrontation de deux systèmes esthétiques opposés – d'où viennent leurs constants débats théoriques concernant la transformation possible de la structure romanesque.

Le thème principal du chapitre III – « l'écrivain et l'histoire » – est considéré sous différents aspects. C'est l'interprétation par Martin du Gard du processus historique et sa prédilection de l'évolution morale. C'est le problème « le roman et l'histoire », l'interaction des faits réels et de la fiction. C'est le changement capital de la définition que donne Martin du Gard de l'écrivain-historien. Celui qui voulait créer la chronique d'une famille identifiait l'historien au chroniqueur, ne différenciant pas le primordial du secondaire. Ayant placé l'action du roman dans le contexte historique, Martin du Gard change son optique : le témoignage impassible fait place à la narration qui reflète la vision du monde et le credo de l'auteur.

Dans les derniers volumes des *Thibault,* Martin du Gard propose une nouvelle solution du problème « l'homme et le monde ». Cependant, cette tendance n'a pas eu de continuation dans son œuvre. L'après-guerre sera pour lui une période de désaccord avec son temps, de la crise de son art du roman. On ne peut pas nier l'actuel au profit de l'éternel : l'écrivain fait partie de son époque, appartient à son siècle.

Galina V. Filatova

Bibliographie

La bibliographie suivante commence à partir de 1981, année du centenaire. Elle a été établie par Otto Klapp puis, après sa disparition, par sa fille, Mme Klapp-Lehrmann que nous remercions vivement d'avoir accepté d'achever le travail de son père. Qu'on nous permette de rendre un très sincère et très respectueux hommage à O. Klapp qui, pendant des années, a rédigé une bibliographie de la littérature française aussi exacte et aussi précise que les chercheurs les plus exigeants pouvaient le souhaiter. Il faut aussi rappeler que, lors du colloque organisé par notre ami J. Schlobach à Sarrebruck, O. Klapp s'était intéressé à nos projets et nous avait promis son aide. Que les parents et les amis d'Otto Klapp trouvent ici l'expression de toute notre sympathie.

1. *Éditions de textes inédits de R.M.G.*

1.1. *Correspondance générale*, t. I *(1896-1913)* et II *(1914-1918)*, édit. établie et annotée par M. Rieuneau avec la collaboration d'A. Daspre et C. Sicard, Gallimard, 1980.

Correspondance générale, t. III *(1919-1925)*, édit. établie et annotée par J.-C. Airal et M. Rieuneau, Gallimard, 1986; t. IV *(1926-1929)*, *id.*, 1987.

Correspondance Eugène Dabit-R.M.G., édit. établie et annotée par P. Bardel, éd. du C.N.R.S., 1986, 2 vol.

Une lettre de R.M.G. (1949) présentée par Martha O'Nan, Actes du colloque de Sarrebruck, pp. 13-18.

Deux lettres de juillet et décembre 1938, présentées par Pol Gaillard, *ibid.*, pp. 19-23.

Quelques lettres (1947-1954), présentées par R. Ikor, *Revue d'histoire littéraire*, 5-6, 1982, pp. 856-860.

Lettre à un inconnu sur « Jean Barois » (1914), in *Bulletin des amis d'André Gide,* IX, 1981, pp. 478-480.

D'André Gide, il m'écrivit..., Lettres et notes de R.M.G. à Roger Froment (1925-1952), *ibid.,* pp. 411-425.

Sur la mort d'A. Gide, ibid., pp. 426-429.

Projet de lettres à G. Duhamel pour refuser l'Académie, prés. par Fl. Callu, *Bulletin des amis d'André Gide,* X, 1982, pp. 111-113.

Lettre à Gide au sujet du « Retour d'U.R.S.S. » (4.XII.1936), *ibid.,* pp. 114-118.

Lettres à J. Schlumberger (1913-1918), prés. par J.-C. Airal, *La Nouvelle Revue française,* mars 1983, pp. 170-192.

Correspondance R.M.G.-André Havas (1937-1941), prés. par Mme A. Havas et T. Gorilovics, *Studia romanica, series litteraria,* IX, 1983, pp. 71-90, Univ. de Debrecen.

Lettre à « Littérature internationale » (1937), prés. par F. Narkirier, *Les Nouvelles de Moscou,* 12 avril 1987.

1.2. *La mort d'Hartmann* (1903), prés. par C. Sicard, *Bulletin des amis d'André Gide,* IX, 1981, pp. 431-441.

Prologue au Journal (1913-1917), prés. par J. Grosjean, *La Nouvelle Revue française,* juillet-août 1981, pp. 243-256.

Le lieutenant-colonel de Maumort, édit. établie par A. Daspre, Biblio. de la Pléiade, Gallimard, 1983, LV+1 316 p.

Deux jours de vacances, édit. établie par B. Hagenau, Universität des Saarlandes, 1986, 186 p.

2. *Traductions*

★ *Die Thibaults : Das graue Heft. Die Besserungsaustalt Sommerliche Tage. Die Sprechstunde. Sorellina. Der Tod des Vaters;* trad. en allemand par Eva Rechel-Mertens, éd. Paul Zsolnay, Wien, Hamburg, 1984, 800 p.
★ *Vieille France,* trad. en chinois par Zhou Ke-Xi, *Revue de littératures étrangères,* Univ. de Nankin, n° 3 de 1986.

3. *Colloques*

Pour le centenaire de R.M.G., deux colloques ont été organisés en novembre 1981, l'un par l'Institut de romanistique de l'Université de la Sarre, à Sarrebruck (direction J. Schlobach), l'autre par la Société d'histoire littéraire de la France, à Paris (direction C. Sicard).

Les actes du premier colloque ont été publiés sous le titre : *R.M.G., son temps et le nôtre,* prés. par A. Daspre et J. Schlobach, Klincksieck, 1984,

308 p. Les différentes communications sont recensées dans le § suivant, aux noms des auteurs; la référence à l'ouvrage sera seulement : « Colloque 84 ».

Les actes du second colloque ont été publiés par la *Revue d'histoire littéraire de la France*, n°s 5-6 de septembre-décembre 1982, sous le titre *R.M.G.*, pp. 725-860. Pour les communications recensées ci-après, la référence à cet ouvrage sera : « Colloque 82 ».

4. *Études*

Airal, Jean-Claude, *Les conseils littéraires de R.M.G. dans la correspondance générale*, Colloque 84.

Albertini, Jean, « *Le lieutenant-colonel de Maumort* » *de R.M.G., ou le roman impossible?...*, in *Europe*, mars 1985, pp. 244-249.

Albertini, Jean, *Sur la correspondance de R.M.G. et Jean-Richard Bloch et un inédit de R.M.G.*, in *Jean-Richard Bloch. Studia romanica, series litteraria, Université de Debrecen, 1984, pp. 5-22.*

Alessandri, André, *L'art de vivre de R.M.G. à travers sa correspondance*, Colloque 84.

Alluin, Bernard, « *Deux jours de vacances.* » *La création littéraire chez R.M.G.*, Colloque 82.

Alluin, Bernard, « *Le lieutenant-colonel de Maumort* », in *Esprit*, mars 1984, pp. 147-149.

Alluin, Bernard, *Les problèmes de point de vue dans* « *Jean Barois* » *et* « *Les Thibault* », Colloque 84.

Alluin, Bernard, « *Jean Barois* » *et le genre du roman dialogué. L'invention d'un roman au* « *présent de l'indicatif* », in *Le genre du roman. Les genres de romans* (colloque à Amiens, 25-26 avril 1980), Paris, 1981, 256 p. (Université de Picardie), pp. 229-238.

Alluin, Bernard, *Martin du Gard lecteur de Mirbeau et de Maupassant. À propos de quelques techniques et de quelques motifs romanesques*, in *Bulletin des amis d'André Gide*, IX, 1981, pp. 469-477.

Alluin, Bernard, *R.M.G. romancier*, thèse d'État, Université de Paris-Sorbonne, 1986.

Améry, Jean, *Ein tragisches Buch ohne tragische Geste. Nachtrag zu Martin du Gard's Epos* « *Les Thibault* », in Améry Jean, *Bücher aus der Jugend unseres Jahrhunderts*, Stuttgart, 1981, pp. 190-203.

Anglès, Auguste, *A. Gide et le premier groupe de* « *La Nouvelle Revue française* », t. 3 : *Une inquiète maturité (1913-1914)*, Gallimard, 1986.

Asholt, Wolfgang, Colloque « Roger Martin du Gard, son temps et le nôtre » (Sarrebruck, 9-11 nov. 1981), in *Romanistische Zeitschrift für Literaturgeschichte* (Heidelberg), 1982, pp. 454-458.

Asholt, Wolfgang, *Martin du Gard et le théâtre de la Belle Époque*, Colloque 84.

Barberet, Gene J., *R.M.G. : Recent studies*. In *Folio*, State Univ. N.Y., octobre 1981, pp. 77-88.

Barberet, Gene J., *L'accueil critique de Martin du Gard aux États-Unis*, Colloque 84.

Boak, Denis, *Martin du Gard dans la lignée de Zola et de Maupassant*, Colloque 84.

Boak, Denis, *R.M.G. 1881-1981*, in *Essays in French Literature*, XVIII, novembre 1981, pp. 42-64.

Bonnaud-Lamotte, Danielle, *La réception de Martin du Gard en U.R.S.S.*, Colloque 84.

Bonnaud-Lamotte, Danielle, *Martin du Gard in der Sowjetunion. Zur Edition und Rezeption seiner Werke*, in *Zeitschrift für Slawistik*, XXIX, 1984, pp. 707-713 (trad. par W. Klein).

Borgal, Clément, *Martin du Gard et le théâtre*, Colloque 82.

Brenner, Jacques, *Le bœuf sur la langue*, in *Bulletin des amis d'André Gide*, IX, 1981, pp. 481-483.

Brincourt, André, *Les fresques de Martin du Gard*, in *Le spectacle du monde, Réalités*, 263, février 1984, pp. 82-85.

Brosman, Catharine Savage, *The Ethics of ambiguity in « Les Thibault »*, in *Folio*, State Univ. N.Y., octobre 1981, pp. 24-42.

Callu, Florence, *Le fonds Martin du Gard de la Bibliothèque nationale*, Colloque 82.

Callu, Florence, Bléchet, Fr., Brunet, M., *Martin du Gard*, Catalogue (de l'Exposition Martin du Gard), Préface par A. Gourdon, Paris, Bibliothèque nationale, 1981, VIII+175 p.

Chaperon, Henri, *La correspondance de R.M.G.*, in *Bulletin Société littéraire des P.T.T.*, n° 148, 1982, pp. 35-37.

Chardin, Philippe, *Le Roman de la conscience malheureuse* (Svevo, Gorki, Proust, Mann, Musil, Broch, Martin du Gard, Roth, Aragon), Genève, Droz, 1982 (Histoire des idées et critique littéraire, 206 p.).

Colio, Caterina, *La sessualita ne « Maumort »*, thèse universit., Torino, 1985.

Cordié, Carlo, *R.M.G.*, in *Cultura e scuola*, XXIV, octobre-décembre 1985, pp. 71-80.

Cryle, Peter M., *R.M.G. ou De l'intégrité de l'être à l'intégrité du roman*, Paris, Lettres Modernes, Minard, 1984, 240 p.

Daspre, André, *Le regard de Martin du Gard dans « Maumort »*, Colloque 82.

Daspre, André, *L'image de Jean Jaurès dans les romans de J. Romains, R.M.G. et Aragon*, in *Actes du XVIIe congrès* (Nice, 1981) de la Société française de Littérature générale et comparée, rec. et publ. par E. Gaède, Les Belles Lettres, 1982 (publ. de la Faculté des Lettres et Sc. hum. de Nice, XXII), pp. 217-225.

Daspre, André, *Martin du Gard, romancier rationaliste*, in *Raison présente*, 62 (2e trim. 1982), pp. 137-142.

Daspre, André, *Martin du Gard, son temps et le nôtre*, in *La Pensée*, 226 (mars-avril 1982), pp. 62-67.

Daspre, André, *Sur le positivisme de Martin du Gard*, in *Philologica Pragensia*, XXVI, 1983, pp. 188-192.

Daspre, André, *Rachel, la rousse et le noir,* in *Studi francesi,* XXVIII, 1984, pp. 99-102.

Daspre, André, *Sémiologie des couleurs dans « Jean Barois »,* *Studia romanica series litteraria,* IX, redigit T. Gorilovics, Univ. de Debrecen, 1983, pp. 3-26.

Dauphiné, Claude, *La réception de « Jean Barois » en France,* Colloque 84.

Décaudin, Michel, *Histoire et roman dans « L'été 1914 »,* Colloque 84.

Duchatelet, Bernard, *Le romancier au travail. La soirée de « Vieille France »,* in *Bulletin des amis d'André Gide,* IX, 1981, pp. 485-496.

Duchatelet, Bernard, *R.M.G. et l'Allemagne dans les années trente. « Vieille France »,* in *L'inscription de l'histoire dans quelques romans français (1930-1940),* Brest, 1985, XX, 145 p. (Cahiers du Cerf, XX, 1).

Duchatelet, Bernard, *« Vieille France » au miroir de la critique française, de mars à décembre 1933,* Colloque 84.

Emeis, Harald, *L'âme prisonnière,* Analyse de l'œuvre de Martin du Gard, avec une préface de Simone Fraisse, Albi, éd. de la Revue du Tarn, 1983.

Emeis, Harald, *Martin du Gard, cryptographe,* Colloque 84.

Emeis, Harald, *Le professeur Philip,* in *Bulletin des amis d'André Gide,* XII, 1984, pp. 261-283.

Escoffier, Françoise, *Le centenaire de Martin du Gard,* in *La Nouvelle Revue des deux mondes,* octobre-décembre 1981, pp. 760-762.

Fainas-Wehrmann, Renée, *Le rôle des objets dans « Les Thibault »* in *Folio,* State Univ. N.Y., octobre 1981, pp. 95-107.

Fainas-Wehrmann, Renée, *L'art de Martin du Gard dans « Les Thibault »,* in *Diss. Abstr.,* XLI, 1980-1981, 5123A (thèse City Univ. of N.Y., 1981).

Fainas-Wehrmann, Renée, *« Les Thibault ». Toile de fond et mouvement,* Colloque 84.

Fainas-Wehrmann, Renée, *L'art de R.M.G.,* Birmingham, Alabama : Summa Publ. 1986, 123 p.

Fawcett, P.R., *Tending to be Serious,* in *The Times,* Literary Supplement, 4069, 27 mars 1981.

Fawcett, Peter, *Fishing for Memories,* in *The Times,* Literary Supplement, 4234, 25 mai 1984.

Filatova, Galina V., *Tolstoï et Dostoïevski dans la correspondance de R.M.G. et de A. Gide* (en russe) in *Vestnik leningradskogo universiteta,* série 2, 1986, t. 1, pp. 40-46.

Filatova, Galina V., *R.M.G. et le problème moral,* in *Problèmes de l'histoire de la culture, des lettres...,* Éd. de l'Université de Saratov, 1986, pp. 65-72.

Filatova, Galina V., *Théorie du roman et problèmes de l'histoire dans la correspondance de R.M.G. (1920-1930),* thèse présentée à l'Université de Leningrad, avril 1987.

Filipowska, Irena, *État des recherches se rapportant à l'œuvre de R.M.G. Cadence des parutions des monographies et des articles critiques, des livres et des pièces de théâtre de R.M.G.,* in *Studia Romanica Posnaniensia,* VII, 1980, pp. 3-16.

Filipowska, Irena, *Martin du Gard et la première guerre mondiale,* Colloque 84.

Filipowska, Irena, *Martin du Gard et son temps,* in *Studia Romanica Posnaniensia,* IX, 1983, pp. 3-17.

Foršt, Duchoslav, *Fred Bérence a Martin du Gard ve vzájemné korrespondenci,* in *Casopis pro moderni filologii,* Praha, LXIII, 1981, pp. 1-10 (avec un résumé en français).

Fraisse, Simone, *Martin du Gard, lecteur de Péguy,* Colloque 84.

Fraisse, Simone, *Renan vu par Martin du Gard,* in *Et. renaniennes,* n° 57, 3ᵉ trim. 1982, pp. 13-14.

Froment, Roger, *Un ami. Martin du Gard,* in *Bulletin des amis d'André Gide,* X, 1982, pp. 233-250.

Gaillard, Pol, *Conseils à un jeune homme désemparé,* Colloque 84.

Garguilo, René, *Martin du Gard et les paysans,* Colloque 82.

Garguilo, René, *Martin du Gard et la culture allemande,* Colloque 84.

Garguilo, René, *Les genres du roman. Le dialogue entre Gide et Martin du Gard sur les techniques du roman,* in *Le renouvellement des techniques romanesques dans la littérature française, 1920-1940,* sous la rédaction de Aleksander Ablamovicz, Actes du Colloque de Katowice 13-16 oct. 1981, Katowice, Uniwersytet Slaski, 1983, pp. 86-99.

Garguilo, René, *Jules Romains et Martin du Gard. Une amitié heureuse dans « la douceur de la vie »,* in *La Revue des deux mondes,* octobre-décembre 1985, pp. 598-617.

Garguilo, René, *Jules Romains et Martin du Gard. Une amitié heureuse sur les rives du Paillon,* in *BAR,* XII, 43-44, juin 1986, pp. 45-58.

Garguilo, René, *Promenades nocturnes dans le Paris de R.M.G.,* in *Itinéraires parisiens,* éd. de l'Université Paris III, 1986.

Gorilovics, Tivadar, *Jacques Thibault, le sens d'une révolte,* Colloque 84.

Green, Mary Jean, *A Moral Image of Modern Man. The Doctor in the Work of Martin du Gard,* in *Medecine and Literature,* edit. by Edmund D. Pellegrino, N.Y., Neale Watson Academic Publications Inc., 1980, XIX, pp. 98-102.

Guerranti, Anna, *La poetica narrativa nella Corrispondenza Gide-Martin du Gard,* thèse Univers. di Firenze, 1980 (cf. le résumé par l'auteur dans le *Bulletin des amis d'André Gide,* XI, avril-juin 1982, pp. 288-302).

Hagenau, Bernd, *« Deux jours de vacances » von R.M.G. Text, Genese, Analysen,* thèse Univ. Saarbrücken, 1986, 2 vol., 186 et 396 p.

Hagenau, Bernd et Schlobach, Jochen, *Martin du Gard dans les pays de langue allemande,* Colloque 84.

Hirota, Masatoshi, *La notion d'héritage chez R.M.G.,* Colloque 84.

Jacoby, Barbara, *Martin du Gard, ironiste,* Colloque 84.

Johnston, Judith L., *Fiction as Testimony : « L'été 1914 »,* in *Folio,* State Univ. N.Y., octobre 1981, pp. 51-69.

Jougelet, Suzanne, *Un pacifiste dans la Grande Guerre. Les lettres de Martin du Gard de 1914 à 1918,* in *Revue de la Bibliothèque nationale,* 1981, pp. 99-106.

Juin, Hubert, *Irremplaçable Martin du Gard,* in *La Quinzaine littéraire,* n° 362, 1ᵉʳ janvier 1982, pp. 12-13.

Juin, Hubert, *Un lieutenant très convenable*, in *Le Magazine littéraire*, n° 199, octobre 1983, pp. 64-65.

Kadish, Doris Y., *Narrative and Dramatic in « J. Barois »*, in *Folio*, State Univ. Y.Y., octobre 1981, pp. 1-12.

Kaiser, Grant E., *The Writer as Phoenix in the Novels of R.M.G.*, in *Folio*, State Univ. N.Y., octobre 1981, pp. 13-23.

Kaiser, Grant E., *Jeu et généalogie. La mort du Père Thibault*, Colloque 84.

Kaiser, Grant E., *« Les Thibault » et l'acte de lire*, Colloque 82.

Leclercq, Pierre-Robert, *Le testament de R.M.G.*, in *Études*, CCCLXIV, janvier-juin 1986, pp. 57-64.

Lepape, Pierre, *Le livre infini*, in *Les Nouvelles littéraires*, n° 2900, 12 octobre 1983, pp. 54-55.

Lesbats, Claude, *Martin du Gard*, in Beaumarchais J.-P., de Couty D. et Rey A. : *Dictionnaire des littératures de langue française*, Paris, 1984, pp. 1428-1434.

Malavié, Jean, *François Mauriac et R.M.G. adversaires fraternels*, in *Cahiers François Mauriac*, X, 1983, pp. 199-219.

Malavié, Jean, *Le bestiaire de Martin du Gard dans « Les Thibault »*, in *Bulletin des amis d'André Gide*, XIII, 1985, pp. 187-212.

Mesnil, Christian, *Le thème du regard dans « Les Thibault »*, thèse de 3ᵉ cycle, Université de Lille III, 1981.

Mihályi, Gábor, *Az életkudacek irója. Martin du Gard élete és müvei* (Le romancier des vies manquées. Vie et œuvres de Martin du Gard), Budapest, Akadémiai K, 1981, 373 p., 4 pl.

Mihályi, Gábor, *Roger Martin du Gard*. Tagungen in Saarbrücken (8-11 nov. 1981) und Paris (13-14 nov. 1981), in *Lendemains*, VII, 27, 1982, pp. 147-148.

Mihályi, Gábor, *Le rôle de Jacques Thibault*, Colloque 82.

Mihályi, Gábor, *Martin du Gard en Hongrie*, Colloque 84.

Mihályi, Gábor, *« Devenir! » ou le dilettantisme exorcisé*, in *Roger Martin du Gard, Studia romanica, series litteraria*, IX, 1983, Université de Debrecen, pp. 24-45.

Mihályi, Gábor, *Combat avec la forme romanesque*, in *Studia romanica, series litteraria*, XI, 1985, Université de Debrecen.

Militz, Helga, *Das Problem der Revolte bei Martin du Gard*, in *Beiträge zur Romanischen Philologie*, XXI, 1982, pp. 259-268.

Neumes, Gerd, *Religiosität, Agnostizismus, Objektivität. Studien zu Werk und Ästhetik Martin du Gard*. Ffm; Bern : Lang 1980 (Trierer Studien zur Literatur, 4) (thèse universitaire, Trier 1980).

Nilsson, Gunnar, *Rencontres avec Martin du Gard*, in *Bulletin des amis d'André Gide*, IX, 1981, pp. 442-450.

Nourissier, François, *Martin du Gard revisité; déception*, in *Le Figaro magazine*, 5 novembre 1983, p. 55.

O'Nan, Martha, *Lettre et bibliographie*, in *Folio*, State Univ. N.Y., octobre 1981, pp. 70-76.

O'Nan, Martha, *Martin du Gard aux États-Unis*, Colloque 82.

Palewski, Gaston, *Martin du Gard,* in *La Nouvelle Revue des deux mondes,* avril-juin 1982, pp. 115-118 (Propos).

Pandelescu, Silvia, *Martin du Gard en Roumanie,* in *Analele Universitătii Bucureşti. Limbi şi literaturi străine,* XXX, 2, 1981, pp. 45-49.

Pandelescu, Silvia, *Martin du Gard en Roumanie,* Colloque 84.

Pandelescu, Silvia, *Le monologue intérieur dans « Les Thibault »,* Colloque 84.

Pandelescu, Silvia, *Dimensuni sociale in « Maumort » de R.M.G.,* communication au colloque « Literatura si societate in perspectiva diacronica », Bucarest, mars 1986.

Parra i Alba, Montserrat, *El lenguaje no verbal en « Les Thibault »,* thèse de licence, Barcelona, 1986, 215 p.

Pomeau, René, *Roger Martin du Gard,* Avant-propos au Colloque organisé par la société d'Histoire littéraire de la France..., 13-14 novembre 1981, in *Revue d'histoire littéraire de la France,* 1982.

Rétat, Landyce, *Apothéose ou fin de partie ? Le « Renan » de Martin du Gard,* in *Études renaniennes,* Bulletin 59, 1ᵉʳ trimestre 1985, pp. 13-19.

Rieuneau, Maurice, *Le procès de la littérature dans « Confidence africaine,* in *Bulletin des amis d'André Gide,* IX, 1981, pp. 451-468.

Rieuneau, Maurice, *La correspondance de Martin du Gard et Dorothy Bussy,* Colloque 82.

Robidoux, Réjean, *Une certaine idée de la femme,* Colloque 84.

Rosso, Corrado, *L'elvetismo di Martin du Gard nei « Thibault »* in *Rivista di letterature moderne e comparate,* Firenze, XXXVI, 1983, pp. 323-344.

Rupolo, Wanda, *« Jean Barois » storia di une crisi religiosa,* in *Stile, romanzo, religione. Aspetti della narrativa francese del primo novecento,* Pres. di Mario Pomilio, Roma, Ediz. di Storia di Letteratura, 1985, 273 p. (Letture di Pensiero et d'Arte).

Samuels, S.M., *« Les Thibault » by Martin du Gard. A Study of Points of View and related Techniques,* thèse Univ. of Oxford, 1982.

Santa d'Usall, Maria Angels, *R.M.G. 1881-1981* (en catalan), in *L'Estrog,* nᵒˢ 5-6 de 1981, pp. 91-100.

Santa d'Usall, Maria Angels, *La morale de R.M.G.,* Colloque 84.

Santa d'Usall, Maria Angels, *Balzac y R.M.G.,* in *Anuario de Filologia,* VII, 1981, pp. 471-481.

Santa d'Usall, Maria Angels, *El personage de Oscar Thibault en el mundo novelistico de Martin du Gard,* in *Anuario de Filologia,* VIII, 1982, pp. 337-352.

Sarkany, Étienne, *« Confidence africaine » de R.M.G.,* in Sarkany, Étienne : *Forme, société et processus d'information. L'exemple du récit court à l'aube du xxᵉ siècle...,* Lille, Univ., L'Atelier national de reproduction des thèses, 1982, X, 790, XI-LXXIII p. (thèse Univ. de Bordeaux-III, 1982).

Schlobach, Jochen, *Martin du Gard et l'histoire,* Colloque 82.

Schuler, Marilyn V., *Literary Techniques and the Psychology of Revolution in « Vieille France »,* in *Folio,* State Univ. N.Y., octobre 1981, pp. 43-50.

Sicard, Claude, *Martin du Gard et « La Bête humaine »,* in *Annales de l'Université de Toulouse-Le Mirail,* XXVI, 1980.

Sicard, Claude, Le « *Journal* » de *R.M.G.,* in *Folio,* State Univ. N.Y., octobre 1981, pp. 89-94.

Sicard, Claude, Le « *Journal* » de *Martin du Gard,* Colloque 82.

Skutta, Franciska, *La narration dans* « *Les Thibault* », in *Studia romanica, series litteraria,* IX, 1983, Université de Debrecen, pp. 46-70.

Swedenborg, Eky, « *Jean Barois* » *et la technique narrative,* Colloque 82.

Szász, Anna Maria, *Martin du Gard : a Thibault család* (« *Les Thibault* »), *Georges Duhamel,* « *La chronique des Pasquier* », in A.M. Szász, *A20, századi családtörténeti regény* (Le roman généalogique au xxᵉ siècle), Budapest, Akadémiai K., 1982, pp. 87-108.

Tanamura, Shinji, *R.M.G. au Japon,* Colloque 82.

Thomas, Max-Hervé, *Les avatars successifs de l'histoire dans* « *Les Thibault* » *et le sens de leur évolution,* in *L'inscription de l'histoire dans quelques romans français (1930-1940), Cahiers du Cerf, XX,* 1, 1985, Université de Brest.

Thomas, Max-Hervé, *L'aventure spirituelle d'Antoine Thibault,* in *Cahiers du Cerf, XX,* 2, 1986, Université de Brest.

Tichý, Miroslav, *Sur les problèmes de la guerre et de la paix dans* « *L'été 1914* » *de Martin du Gard,* in *Romanica Olomucensia,* II, 1979, pp. 59-70.

Usall i Salvia, Ramon, *Martin du Gard et Paul Nizan,* Colloque 84.

Villon-Lechner, Alice, *Glaube, Liebe, Tod. Martin du Gards Romanzyklus* « *Die Thibaults* » *in einer Neuausgabe,* in *FAZ,* 54, 5 Marz 1985, 24.

Wainwright, David Priestley, *The Theatrical Temptation. Jacques Copeau's Influence on R.M.G. (1913-1920)* in *Diss. Abstr.* XLVI (1985-1986), 3735A (thèse Univ. of Southern California, 1985).

COMPTES RENDUS

ŒUVRES DE ROGER MARTIN DU GARD

Aux Éditions Gallimard

DEVENIR!, *roman.*

JEAN BAROIS, *roman.*

LE TESTAMENT DU PÈRE LELEU, *farce paysanne.*

LES THIBAULT, *roman.*

LA GONFLE, *farce paysanne.*

CONFIDENCE AFRICAINE, *récit.*

UN TACITURNE, *drame.*

VIEILLE FRANCE, *roman.*

NOTES SUR ANDRÉ GIDE (1913-1951)

ŒUVRES COMPLÈTES

CORRESPONDANCE AVEC ANDRÉ GIDE

CORRESPONDANCE AVEC JACQUES COPEAU

CORRESPONDANCE GÉNÉRALE

LE LIEUTENANT-COLONEL DE MAUMORT

Composé et achevé d'imprimer
par l'Imprimerie Floch
à Mayenne, le 16 août 1989.
Dépôt légal : août 1989.
Numéro d'imprimeur : 27310.
ISBN 2-07-071557-4 / Imprimé en France.